一見、落着

下町弁護士のこぼれ話

稲田 寛

中央大学出版部

初めに

私が弁護士という言葉を初めて耳にしたのは、中学三年生のころである。今から考えれば、当時司法試験合格を目指していた社会科の担当教師から私に託された「お前は弁護士になれ」というメッセージだったのかもしれない（一五一頁「四人目の息子」）。それを曲がりなりにも将来の目標にしようと考える契機は、定時制高校三年の時にやってきた。

町工場の旋盤工として働いていた友人が機械で指を三本切り落とすという出来事があり、学校にも来ることができなくなった。私は何とかならないものかと駆け回った末、当時住んでいた墨田区の人権擁護委員を訪ねた。高校の帰りがけのことで、夜一〇時を回っていたせいか、玄関先での立ち話に終始し、私は納得を得られないまま引き下がるほかなかった。私にしてみればようやく探し当てた邸宅だったので夢中で駆け込んだのだが、期待を裏切られた思いで表に出て、改めて門の周辺を見回すと、弁護士という看板が目に飛び込んできた。

悔しさもあって、弁護士とは何者なのかということを初めて聞きかじり〈それなら俺が弁護士になってやろう〉と、何かと相談に乗ってくれた英語の教師に話したところ、「大学にも行かなくてはならないし、簡単になれる職業ではないわよ」と言われた。それでも私が「一〇年くらい頑張ったらなれますか?」と尋ねると、「本当に一〇年やる気なら」という答えが返ってきた。実際、私が弁護士登録できたのは、弁護士なる人に初めて出会ってから一一年目のことである。

私が漠然と弁護士を目指した高校生のころは、時代劇映画の全盛期であった。「これにて一件落着!」と大岡越前守がお白州で大見得を切り、悪人たちが引き立てられ、善人がうれし涙する……。そのころの私は多かれ少なかれ、裁判というものをこの場面のように描いていたのである。

しかし、弁護士になって体験している現実の裁判は、お白州のように一方的に結論が下されるものではないし、例え時代劇に出てくるような悪人であっても人権が認められているから、映画やテレビ番組のように時間内にすっきり一件落着というわけにはいかない。刑事裁判を受ける被告人にも扶養されている家族がいようし、実刑になるのか執行猶予がつくのかは、天と地ほどの差がある。民事裁判にもさまざまな限界があり、必ずしも当事者が満足できるような結果が得られないことは少なくない。仮に、高校時代の友人が雇主に対し裁判を起こしていたとしても、小企業の雇主から十分な補償を得られたであろうか。また、都会での日常生活や定時制高校への復帰ができたであろうか。仮に、裁判で慰謝料などを得ることができたとしても、失われた身体は回復できない。

裁判は、これを受ける人たちにとって「一件落着」で終わるのではなく「一見、落着もどき」に過ぎない場合が多いのである。

しかし「一見落着」ではあっても、落着しなければいつまでも傷跡を引きずることになろうし、争いの根源を断ち切ることもできない。「一見落着」であっても、そこから新しい出発を期待することはできよう。

弁護士としての年数を経るごとに、弁護士としての仕事に限界を感じながらも、いや応なしに争いに巻き込まれた人たちに何らかの踏ん切りをつけることができればと、背中を押してやるような思いで過ごしてきた。しかし逆に、手助けをしたつもりの人たちに自分が救われたり勇気付けられたりしたことの方が多い。

本書は様々な人たちとの出会いのきっかけとなった事件を中心に、ことのほか印象に残っている人たちを思い浮かべながら書き留めたものであるが、顧みると、私の弁護士人生そのものが一見落着の連続であることを痛感しているのである。

著者

装画・挿絵――著者

目次

国選物語

ある暑い夏の日曜日の昼下がり、私の住む下町の長屋に向島警察署の者と名乗る若い刑事がやってきた。二メートル足らずの路地に面した四軒長屋の二軒目が私たち夫婦と幼児《おさなご》二人の住居で、二階の六畳一間が寝室、一階は六畳間と、その入口に廊下のような三畳弱の板の間があるだけの代物である。

刑事はその板の間に食い込むような申し訳程度の玄関に立つと「この長屋の一番奥である四軒目の住人のことを聞きたい」という。そこには私の両親と弟妹たちが住んでいるのだが、何を聞きたいのかと黙って耳を傾けていると、どうやら足の怪我をして高校を休学し治療に専念していた末の弟がターゲットらしい。ガンマニアではないかとか耳鼻科に通院していないかという質問を聞いているうちに、当時北海道で発生したピストル射殺事件についての聞き込みらしいと気が付いた。

「あなたのお尋ねの人物は、私の弟のことですよ」

　私は手短に、弟が高校の野球部員で、試合で滑り込みをした際すねの骨が削り取られ、休学していること、たまたまその間に耳鼻科にも通院しているし、玩具のピストルも集めていると話した上、

「射殺犯はまだ分からないのですか。それにしても、この辺りまでよく調べるものですね、頭が下がります」

と言うと、若い刑事は私の落ち着いた口調に少し戸惑ったのか、視線を外して狭い家の中を見回し、板の間の角に置かれた本箱に法律書が積まれているのを見付けた。

「お宅は何をやっているのです？」

「弁護士ですよ。向島署には時々お邪魔しています。墨田簡易裁判所で国選事件をやっているものですから」

「えっ、そうだったのですか」

と慌てて立ち上がり、

「失礼しました。それにしても、弁護士さんの表札も出ていないものですから」

と付け加えた。なぜ表札を出していなかったのか？と言われても、自宅で弁護士の仕事をしようにも、お客さんに上がってもらう部屋もないのである。弁護士になってから三年ほ

ど、この住居から墨田簡易裁判所に通って国選事件を担当した。

これは、国選弁護人としてかかわった事件の一つである。

＊

東北のとある片田舎で、幼なじみの二人組が、働いていた工事現場から仲間の小銭をくすねて出奔し、しかも盗んだ車に乗って、各地のガソリンスタンドや道路沿いの飲食店のレジなどを真夜中に荒らしながら東京までやってきて、私の住居の近くで御用となった。その一人が向島警察署に勾留され、弁護が私に割り振られたのである。

幸い、仲間の実家は割合裕福だったようで、その親が被害を全部弁償済みであったが、私の担当する被告人については、身元引受人がなければ裁判所も執行猶予付きの判決で釈放することには躊躇《ちゅうちょ》するであろうと思われた。私は被告人の父親に、裁判期日に証人として出頭した上、もし執行猶予の判決が得られたならば、その場で一緒に郷里に連れ帰ってほしい、と手紙を書いた。

法廷の開かれる前日の夕刻、私の自宅にその父親から電話が入り「今、上野駅に着いた。ついては、どこにも行く当てがないので、先生の家に泊めてほしい」と言う。冗談ではない。我が家は小さな子供を二人抱えて足の踏み場もない。しかも父親によれば、息子を連れて帰るのに一人だけでは心細いと、被告人の弟も連れて来ているという。

私は、上野駅前の交番を待ち合わせ場所にしてすぐに家を飛び出し、上野で自動車を販売している友人に依頼して、駅前の旅館を世話してもらい、翌朝迎えに行くことを約束し、長屋に戻った。翌朝旅館へ出向くと、何と宿賃がないと言う。何はともあれ私が二人分を支払い、神田の事務所に連れて行き、打ち合わせをしてから三人で昼食を取り、錦糸町にある墨田簡易裁判所に臨んだ。

情状証人としての父親は、今は病弱で生活保護を受けている身であるというものの、昔は田舎芝居の一座を率いていたというだけあって、

「家に連れて帰り、二度とお世話になるようなことはさせません」

と涙ながらに語る様子は、往年の舞台姿を髣髴《ほうふつ》させるものがあった。

担当裁判官は「わざわざ田舎から出て来ているので、今日中に判決を頂きたい」という私の申し入れを受け入れ、同日の夕方懲役一年の判決と共に執行猶予三年の言渡を行い、「不肖の息子」も釈放された。

東北への帰り路、三人となった親子を連れて上野駅に着くや否や、父親は駅構内の床にひれ伏し、

「先生のご恩は親子ともども一生忘れません」

と、頭を地面にすりつけた。その土下座ぶりは、さながら時代劇の奉行所のお白州に引きずり出された町人の風情である。人込みの中でのことで、私が慌てて腕を取って立たせようとした途端、なお座り込んだまま父親は言い放った。

「実は、上京する時、村の助役さんにお願いして、来る時の切符代は借りてきたのですが、帰りの分は……」

私は、黙ったまま三人分の切符を買った。

「厚かましいようで申し訳ありませんが、助役さんに買うお土産代を貸していただけませんか。郷里に帰ったら皆で働いて、全部合わせてお返ししますから……」

と、どこまでも厚かましい。私は「国選の報酬は五、〇〇〇円でしかないのだが……」という言葉を呑み込みながら雷おこしを買ったが、手持ちも少なくなり、この上に弁当代もと言われてもと、ほうほうの体で退散した。

しばらくは親子から手紙でも来ないかと心待ちにしていたが、何の連絡もない。数カ月が過ぎると〈田舎芝居の夢でも見たのだ、早く忘れよう〉などと思うようになり、そのうち本当に忘れてしまった。

翌年の秋、事務所に見慣れぬ差出人の名で一〇キロの新米が送られてきた。その名が田舎芝居の父親だと気が付くまで、かなりの時間がかかった。込んだ電車で一〇キロもの米を持ち帰るのは気が引けるので、しばらくそのままにしていたが、事務所の近くで友人と一杯やって酔ってしまい、タクシーで帰る際に、ついでにこの米袋を持ち帰ることにした。

長屋の路地まではタクシーが入れないので、手前で降り、酔いがさめず朦朧《もうろう》としたまま暗がりを歩いていると、いきなり懐中電灯で照らされ、警察官に呼び止められた。

「何を担いでいるのですか」

「お米です」

「こんな夜更けにどうしたのですか」

「実は泥棒さんのお父さんに送って頂いたのです」

「……何！」

私はやむなく米袋を道に降ろし、これまでの経緯《いきさつ》を語る羽目になった。

話を聞き終えた警察官は、暗くてドブにでもはまると大変だからと、私の足元を電灯で照らしながら、長屋まで誘導してくれた。彼は、腹の中ではびっくりしたり笑いをかみ殺したりしていたのであろうが、私は新米の送り主に上野駅の広場で土下座されたときの恥ずかしさを、あらためて思い起こしていた。

示談あれこれ

お構《カマ》いなく

上野公園界隈に、男娼と呼ばれた人たちが夜な夜な出没していた時代があった。

夜桜見物でしたたか飲んで花の下で寝込んでしまい、仲間に置いていかれた青年が、妙齢の女性に揺り起こされ、誘われるがままに女性のアパートについて行き、一夜を過ごした。翌朝目を覚まし、隣に寝ているのが男であることが分かり、跳び上がった。ロングヘアのかつらが枕元に落ちたままである。

青年は、男を起こさないように気を配りながら、脱ぎ捨ててあった自分の衣服を身に着け立ち上がると、いくら酔っていたとはいえだまされたという思いで、次第に腹が立ってきた。ふと財布を見ると、中身は全くなかった。この男に取られたのか、それとも支払ったのかと周りを見回してみると、六畳一間の部屋にはタンスと鏡台のほかに小さなテレビが一台置いてあるだけである。彼は腹立ちまぎれにこのテレビを持って、そっと部屋を出た。

数日後、青年は、テレビを質屋に入れて小遣いに換えたことから足が付き、逮捕された。私は国選弁護人として、示談のため、上野近くの「男」の元を訪れた。男が質屋から受け出すために支払った代金を返し、できれば裁判所へ提出する示談書に署名をしてもらおうという訳である。

夕方の「出勤前」にという約束であったが、何となく薄気味悪く、少し早めに着くと、男はまだ鏡台に向かう前でヒゲもまだらな状態なのに、身体だけを妙にくねくねとさせて「あーら、いらっしゃい」と、私を迎えた。身体だけが小柄で、たとえ女性だったとしても小さい方であろうか。

「お茶をどうぞ」と斜《はす》に構えて出してくれた茶碗に手を付けるのも抵抗があったが、おそるおそる口を付けると、彼は、

「まだ化粧前だけど、化粧するときれいになるのよ」

と言って、タンスの引き出しから一枚の写真を取り出し、

「この中に私も写っている。一番いい女だから、すぐ分かるわよ」

と言う。何でも上野、浅草地域の同業仲間で温泉旅行に行った際の記念に撮ったものだということで、数十人からの団体写真である。

「私がどれか当てたら、示談にしてあげる」と言う言葉に、私はいささか慌てながら、こんな団体があるのかと一人一人の顔を見つめ直したが、全く見当がつかない。そこで、小柄な男、いや女性を探したところ、大柄な女性の中に彼とおぼしき姿を運良く発見することができた。

「これでしょう。美人だから、すぐ分かった」

とおそるおそる言うと、

「当たりね！」

と言って彼は艶然《えんぜん》とほほ笑み、私はぞっとした。

ちょうどその時ドアがノックされ、ＮＨＫの放送受信料の集金取扱者が現れた。「テレビの受信料を支払ってください」という集金人と「テレビは部屋に入れたばかりよ」という彼とのやりとりがしばらく続くと、彼は私に「ねー、そうよね」と、同調を求めた。私は彼の了解を得て事情を話し、昨日取り戻してきたばかりだと証言し、集金人にお引き取り願った。

こうして、私はようやく示談書に彼女、いや「彼」の署名と捺印をもらうことができた。

ヤクザを殴って

　下町の祭りにはけんかが付き物である。神輿《みこし》同士が狭い道路で鉢合わせになっても、どちらも引こうとはしない。ぶつかり合うと、顔に腕が当たったと言っては殴り合いになる。すると町内の顔役たちが、中に割って入って神輿を分けるといった具合である。神輿の練り歩きが一段落し、お神酒《みき》が入ってくると、先ほど殴られた頬がうずき、悔しさも一層募ってくる。

　こうして、どうしてもこらえきれなくなった若衆二人が、隣の町内のたまり場に殴り込みをかけた。しかし、多勢に無勢で袋叩きに合い、二人は祭り屋台の脇にあった丸太を引き抜き、これを振り回して応戦した。その場を一杯機嫌でたまたま通りかかった入墨の兄さんが止めに入ろうとしたところ、頭に血が上っている二人はこの兄さんの頭を丸太で殴ってしまい、全治二週間ほどの打撲傷と裂傷を負わせ、傷害罪の現行犯で逮捕されてしまった。

　私は、二人の両親から「あの方は町ではちょっと顔の売れているヤクザで、私たちは怖くて、とても示談に行けません」と交渉を依頼されたのだが、私とて人の子、怖いものは怖い。そこで私は、電話をしたり手紙を出したりして相手の都合を聞くのはやめ、無駄を承知で何回でも相手方を訪ねてみることにした。「窮鳥懐に入れば猟師も殺さず」の喩《たと》えもあるではないかと、自らを勇気付けたのである。初めて訪ねた際は、相手宅の場所を確認するということもあったが、近隣で在宅の時間帯を聞き出そうという目的もあり、昼下がりの時間帯に行ってみた。やはり、昼は留守がちで夜も帰宅時間はまちまちだというのが、同じアパートの住人たちの話であった。その晩もう一度出掛けて、アパートの脇で相手の部屋の明かりがつくのを二時間余り待ったが、一〇時を回っても明かりは消えたままだった。そこで、待っている間に書いたメモを、ドアの脇に付けられた郵便受けに入れて帰った。メモには、私の立場を明らかにした上「勝手ですが、明晩七時頃またお伺いしてみます。貴殿のご都合もございましょうから、無理にご都合をつけてくださらなくて結構です。その折は、またあらためてお伺いさせていただきます」と書いた。

翌日の夕方私が再び訪ねると、兄さんは頭にはまだ包帯を巻いた着流し姿で座り、両脇に、事件が起きた際に居合わせたという坊主頭の若い衆が二、三人、正座していた。

「何の用だい」

と、強いてぶっきら棒に言うように、兄さんが口を開いた。私が「本人たちはまだ勾留中で来ることができないので私が代わって謝罪に伺いました。二人の両親が保釈のためにと取りあえず用意したお金ですが、了解を得て、保釈は後回しにして示談のために持参しま

した」と告げたところ、

「あんたは信用できそうだから、俺の損害を計算してみてくれ」

と言って、診断書や治療費の明細書を見せてくれた。

ヤクザの兄さんに給与明細書や休業証明書を求めるのは大ごとであろうし、一方的に作られた高額のものを出されても、引っ込みがつかなくなる。私は、あらかじめ調べていた被害者の年代の一般労働者の平均収入を基準にして、怪我に相当する慰謝料に加算して見せた。すると、

「何も悪くないのに痛い思いをさせられたのだから、気持ちを上乗せしろ」

と言われはしたものの、預かった金額の範囲で示談を成立させることができた。

それまで緊張していたため気にならなかったが、正座していた周りに合わせて、こちらも正座したままだったため、足がしびれて立ち上がる時に倒れはしないかと、座ったまま後ずさりをして、兄さん宅を辞した。

この経験は、その後、さまざまな形で生かされることになった。

＊

ある時、地方で外科病院を開業している医師の友人から「入院患者を殴ってしまった。

どうしたらいいだろう?」という電話があった。彼の病院は救急病院にもなっており、交通事故に遭った患者も担ぎ込まれる。その患者の一人が、傷は完治しているのに退院したがらない。事故を言い掛かりに損害の補償金を増やそうという魂胆ではないかという疑いもあり、事務局や看護師の言うことも全く聞かないという。そこで彼が退院を通告すると、「本人が『痛い』と言っているのに、治っているということはないだろう。このヤブ医者め!」

と言いながら殴りかかってきたので、つい突き飛ばしてしまった。幸い怪我はなかったということだが、大学時代ラグビーで鍛えた彼に胸を突かれて、患者は診療室の壁まで飛ばされたという。そして「俺は△△組の若い衆だということを忘れるな」と捨てぜりふを残して退院していった。だが、その△△組の親分の自宅がよりによって病院と目と鼻の先にある。「どうしたら穏便に済まされるだろう」という相談である。

私はその友人医師に「菓子折を持って、すぐ親分のところに飛んで行き、『あなたの子分に対し申し訳ないことをした。実はこれこれしかじか』と全部話してくるように」とアドバイスをした。すると、その日のうちに友人からまた電話が入った。

「いやー、助かったよ。『よくぞ叱ってくれた』って、かえって親分に感謝されたよ!」

私は相手が弁護士であっても、この手を時折応用する。折衝中の事件で、電話で催促しても相手方の代理人である弁護士からなかなか回答をもらえないときなど、予告もしないで相手の事務所を訪ねる。居合わせて渋々会ってくれれば、

「近くまで来ましたので、寄ってみました。回答をよろしく」

とだけ言って引き上げる。留守ならば、名刺に同じことを書いて置いてくる。相手は借りでもできたように感じるのであろう、ほとんどが間もなく連絡をしてくるのである。

＊

慰謝料の入札

近頃では珍しいと言った方がよいであろうか、見合いで結婚したという娘さんが、私の知人に連れられて相談に来た。その娘さんによると、新居のアパートには二間しかないのに、新婚旅行から戻って以来、夫と別々の部屋で寝ていたという。何が原因か、全く思い当たらず、夫に尋ねるが理由は言わず、ただ「お前とは一緒に暮らせない」と繰り返すだけ。彼女はいたたまれず、結婚して一カ月足らずで実家に戻ってしまった。

夫は履物を作る職人で、小さい頃から奉公に上がった店に住み込み、十数年を過ごして

一人前になったという。その主人の世話で、東北から上京し、銭湯に住み込みで働いていた娘さんと見合いをし「苦労人同士で、似合いのカップルだ」と言われて結婚した。「それなのに、全く理解不能というほかありません。性格が合わないのならやむを得ませんが、理由も言ってくれないのでは納得できないので、問いただしてください」と言うのである。

私は家庭裁判所に、二人の夫婦関係の調整をしてほしいという調停の申立をして、解決を求めることにした。

一回目の調停の日、夫は自分一人で裁判所に現れた。私は調停委員に対し、申立をしたあらましを話し「どのような結果になるにせよ、一緒に暮らせないという理由を聞き出してもらわなければ、話の進めようがありません」と訴えたが、本人は「離婚はしたいが、理由は言えません」の一点張りだという。そして、調停委員が「理由がはっきりしないまま『離婚だ』と言うのでは、あなたにとって不利になり、慰謝料も多くなりますよ」と言っても頑として聞かず、口をつぐんでしまうというのだ。委員は「お店の主人とよく相談して、次回にははっきりするように」と彼を諭して帰し、調停を続行することにした。

二回目、控え室で待っていた彼に私から声を掛けて聞いてみた。

「なぜ理由を言えないのかという、その訳だけでも教えてください」

するど彼は、

「彼女の名誉のために、言えません」と、妙なことを言う。そして「奉公に上がってから今まで働いて残したお金が二〇〇万円あります。自分が払える範囲で慰謝料を支払いますから、離婚を認めてください」と付け加えた。

彼女のことで何か隠していると感じた私は「彼女のために言わないというのも思いやりかもしれませんが、彼女自身のことであるとすれば、何も分からないまま離婚してしまったら、あらためて結婚するときに困るでしょう。何か直さなければならないことがあるなら、直す機会を与えてやるのが一番の思いやりではないですか」と、説得に努めた。その結果、彼は私に、彼女のいびきが原因であるということを初めて話してくれたのである。そのため新婚旅行では一睡もできず、布団を逆さにして寝ていたという。

私は知人から、彼女の兄が東京に居るということを聞いていたので、兄妹で一緒に話を聞いてもらい、大学病院で診察を受けたが、残念なことに、手術をしてもなかなか治りにくいという診断だった。彼女は早くに親元を離れて生活していたこともあって、自分でも気が付かなかったのであるが、夫が〈どうしても一緒に暮らせない〉と思いながらも気遣いをしてくれていたことがせめてもの救いであったと納得し、少し時間をかけて治療に専念することにし、離婚もやむを得ないという結論に至った。

三回目の調停の日、控え室で待つ彼に彼女の意向を伝えると共に、彼に弁護士がついていないこともあって、私は「できるかぎり駆け引きをせず結論を出したいのですが」と前置きをして、一つの提案をした。「あなたには離婚の責任はないかもしれないが、離婚ということになれば、どうしても女性の方にマイナスの面が大きい。そういう意味で、慰謝料を払ってやってほしい。彼女のこれからの治療費に充ててやることもできるでしょう。だからといって、慰謝料の額については、私にも正直なところ分かりません。そこで、私は私で、彼女に出してやってほしいと思う金額をメモに書いてみます。あなたも、彼女のために出してあげてよいという数字を書いてください」と言って、メモ用紙を渡した。一緒に開いたメモには、双方とも「一〇〇万円」と記入され、妙な表現だが入札の額が一致したような感じであった。

こうして、その日、離婚調停は成立した。

一〇万円の和解

弁護士になって間もないころ、ある顧客から「友人に頼まれて一〇万円（現在の貨幣価値だと二〇万円ほどであろうか）貸したが、約束の期限を過ぎても返してくれない。信用して借用証をもらわず貸したくらいなのに、何回か催促をすると『友達の癖に』と逆に怒り出す始末で、友人だったからなおのこと腹が立つ。自分で裁判を起こして相手の顔を見るのもいやなので……」と、一〇万円の支払いを求める訴訟の依頼を受けたことがある。〈金額が金額だから、本人が出てきて話はすぐまとまるであろう〉と考えたのが、間違いだった。相手も弁護士に依頼したのである。

予想したとおり、裁判官は最初から「借りたことに間違いないのなら、和解しなさい」と言うのであったが、簡単には一件落着といかないのである。私の事務所で事件を引き受ける際、着手金として一万円をもらっている。一〇万円全額が回収できたとしても、報酬としてさらに一万円もらうと、依頼者の手取りは八万円である。ところが、相手も弁護士に依頼しているから、着手金を払っていれば、一〇万円を値切らない限り、出費は元金より多くなる。裁判官は私の方に「即金で支払わせるから、八万円くらいにまけては」と言うが、それでは私の依頼者の手取りは六万円になってしまう。何しろ元金が一〇万円しかないのであるから、わずか一万円がどちらに転んでも話はつけにくくなる。どうも、裁判官の頭には弁護士に支払う費用分が入っていないようなのである。相手方の弁護士もいる席で、私はやむなく裁判官に対して和解ができにくい訳を話し「私のところでは報酬をもらわないことにするから、相手方代理人も考えてくれ」と言って納得してもらい、八万円をもらうことで和解を成立させた。しかし、それでも相手は実質九万円出したことになる

し、私の依頼者の手取りも七万円ということになってしまった。

この一件以来、私は単純で小額な金銭を取り立てる事件は、相談を受けた際に「あなたが弁護士に支払う費用、報酬分をまけてやって、早く片付けてはどうですか」と勧めることにしている。それでも相手の方が応じようとしない場合には、本人の目前で相手方に電話をして「裁判になれば、いくらかまけてもらった分もあなたの弁護士に支払うことになり、結局は、あなたが支払いをしなければならないお金はあまり変わらないのです」と話し、当人同士で話し合うのが双方にとって得策だと説明することにしている。

巡り巡って

苦い記憶は、いつまでも消えない。その一つが私がまだ駆け出し弁護士のころの事件である。

私の妻には、浅草の金物店の養子に入っている弟がいる。妻の父親は妻が小学校五年生のときに亡くなり、この弟は長男だったので、家計を助けるため、小学生のころから浅草の地下鉄入口で新聞の売り子をやっていたという。

その金物店の主人は何でも清水の次郎長の血を引いているとかで、人を見る目もあるが人情家であって、新聞を毎日買いに来ては弟の様子を見ており、弟が中学を卒業するのを待って、自分の所で働かないかと誘ってくれたのだそうだ。

弟は、母親と自分の弟たちの生活の足しになればと、中学を卒業するとすぐ奉公に行った。もちろん毎日きちんと新聞を買いに来てくれた金物店の主人の気持ちが、子供心にも有り難かったに違いない。

何と、私が初めて私選事件として取り組んだ刑事事件が、この弟まで関連してしまうことになる。

東京地方裁判所で「懲役一年六月に処す」という判決を受けたある被告人の、控訴の申立と保釈を取り付けるということから、私の仕事は始まった。

不動産会社に勤務していた被告人は、道路拡張予定地に建っていた一軒家で金物店を営んでいた老夫婦が立ち退き料で転移先を探していたことに付け込み、その立ち退き料をだまし取ったという詐欺の罪で逮捕され、一審で実刑の言渡を受けたのであった。

私は三〇万円の保釈金を積んで釈放された被告人を伴い、家を失い郊外に仮住居を建てて暮らしていた被害者夫婦を、示談のため訪ねた。

そこは住居とは名ばかりの、五坪足らずの板張りの小屋だった。入口にわずかばかりの金物類を並べ、一目で台所まで見渡せる中に、老夫婦は座っていた。私たちと目を合わせようとせず、話し掛けることさえ許さないという様子である。しばらく途方に暮れていた私は、板の間に並んでいた金槌に手をやりながら、

「私の義弟も浅草で金物屋をやっていましてね」

と、独り言のように話し掛けた。すると老人は、

「何というお店かね」

と、呟《つぶや》くように初めて声を出した。

「○○金物店というんですがね」

「えっ、○○さんの。それじゃ、あなたは○○さんの若旦那の義兄さんですか」

……今度は私が驚いた。

ぽつりぽつりと語り出した老人によれば、自宅の建築資金の予定だった立ち退き料をすっかりだまし取られて困っていたところ、取引先であった弟の養父が「取りあえず」と言ってお金を貸してくれたという。そして「若旦那のお兄さんなら、信用できる」と、全く人が変わったように親しげに話してくれた上、示談書も、私の言うとおりに書いてくれたのである。

ところで、示談といっても被告人には現金や預金の持ち合わせは全くなく、示談金代わりに持参したのは九州のある地方にあった私立学園の学園債の債権証書である。しかも、額面だけはだまし取った金額の倍近くが印刷されていたが、返済期限は一年後とされており、すぐには現金化できないものであった。しかし、示談のおかげで、被告人は高等裁判所では執行猶予三年という判決を受けることができた。

法廷を出て緊張がほぐれた私にも、初めての刑事事件の判決で執行猶予を得ることができた喜びが、じわじわと伝わってきた。

被告人と共に裁判所の窓口で保釈金の返還を受けた私は、その中から報酬として五万円をもらうこともできた。

意気揚揚と裁判所の門を出た所で、検察庁の担当事務官に呼び止められた。「被告人と一緒に、取り調べ担当だった検事に会ってください」と言う。〈何だろう〉と一抹の不安を感じながら、隣にあった検察庁を訪ねた。

担当検事の部屋には、中年の女性が先客として私たちを待っており、被告人はその顔を見た瞬間、入室をためらった。

検事は私に「この女性も被告人の被害者の一人ですが、弁護人が苦労して執行猶予を取ったことだし、被害額が三〇万円と少額でもあるので、ご苦労ついでに、女性被害者との示談をしてやってください。示談が成立したら、起訴猶予にするつもりです」と告げた。

私も本人も異論のあるはずはなく、捜査室の一角を借りて女性と示談話に入った。

被告人は「一カ月二万円ずつ、一五回の分割にしてほしい」と言うが、女性は「信用できないから、なるべく即金で」と譲らない。

私には、被告人の懐に少なくとも二五万円入っていることが分かっているのだが、保釈

金は身内から借金して積んだものだと知っていたから口に出すこともできず、躊躇《ちゅうちょ》していた。すると被告人が突然私に、

「先生、さっきお支払いした五万円を、一旦貸してくれませんか。それを頭金にしてもらい、残りを月三万円ずつ一〇回にして、余分に支払いますから」

と、少し離れて聞かないふりをしている検事にも聞こえよがしに言ったのである。先方は、この提案でようやく納得した。

私は何しろ執行猶予の判決をもらって気を良くしていたし、断りようもない雰囲気だったので、示談書を作成し、もらったばかりの五万円を立て替え払いして、検察庁を後にした。

被告人は「明日、事務所に伺います」と言って別れたが、それっきり現れないだけでなく、連絡も途絶えてしまった。

一カ月が過ぎた頃、担当検事から「『一回目の三万円の支払いがない』と彼女が訴えてきているから、本人に連絡してやってほしい」と電話が入り、私は「分かりました」とだけ答えて被告人をかばっていた。しかし二カ月を過ぎると、検事はさすがに「ひどいじゃないですか。あなたを信用して示談をさせたのに」と怒っている。私はやむを得ず「実は、私の分もあのままで、連絡がつかなくなっているんですよ」と答えるしかなかった。する

と検事は「けしからん。先生も被害届けを出してください」と言う。「検事さんの部屋でだまされたと書く訳にはいかないでしょう」と私が答えると「うーん」とうなり「やむを得ない。彼女には、もう少し待ってもらいましょう」と言って、電話を切った。

それから一年が過ぎた。今度は老夫婦から「あの証券は、いつお金になるのか」という問い合わせである。証券は老夫婦が持っていたが、私は慌てて、証券を発行した九州の私立学園に問い合わせた。すると、何と「半年前に倒産してしまっており、当面、債権に対する支払いの目途《めど》も立っていません」ということであった。この事情を話して私が謝罪しても、老夫婦は「義弟さんの養父さんに借りたお金を返さなければならない。早く何とかしてください」と言うばかりである。私は「本人たちの力で返せるまで、請求しないでやってほしい」と、義弟に頼み込むよりほかなかった。義弟は律儀に一切催促をしなかった。

そのころ、司法試験に合格した後輩が、実務修習のため私のボス弁の事務所に来ていたので、私は彼と一杯やりながら「詐欺師には気を付けろ」と、失敗談とも愚痴ともつかず、この件の話をしたものである。

こうして、さらに一年が過ぎた。

検事になって東京地方検察庁に配属されたその後輩から、突然電話が入った。「修習生

の時に聞いた詐欺犯とは、Aという名前ではないですか」という問い合わせであった。「それがどうかしたのか」と問いただすと「また別の詐欺で逮捕され、私がその裁判の立会検事になったのですが、前の裁判記録を見ていると、弁護士に先輩の名前が出て来たので、〈もしや〉と思い、電話したのです」と言うのである。

後に聞いたところによれば、まだ執行猶予中の身であった被告人は実刑判決を受け、私が担当した事件の執行猶予も取り消されてしまったという。

世の中は広くて狭い。因果応報ということを身に染みて感じた事件ではあった。同時に被害者の老夫婦に迷惑をかけ、その尻ぬぐいを義弟にさせてしまったという苦い体験はいつまでも頭から離れないのである。

失敗のあれこれ

生まれて初めて証人尋問を行った時のことである。

私のボス弁への依頼者は、自動車販売会社に勤めるサラリーマンであったが、東京郊外の農家だった実家を継いでおり、昔風の大きな屋敷住まいだった。

ある休日、土建業者が彼の家を訪ね「隣家の玄関口の石垣が崩れたので、補修工事を頼まれて来ています。お宅の石垣も脇の部分が崩れかかっているので、一緒に直させてくれませんか。ついでもあるから、安くしておきます」という触れ込みだったので、工事を依頼した。工事は二日ほどで終了したが、数カ月後、大雨が降った際に石垣の補修個所が簡単に崩れてしまった。他の業者に見てもらったところ「大変な手抜き工事なので、完全に直すには前の工事費の倍額ぐらいは掛かります」という。そこで、補修工事を行った土建業者に掛け合ったが「予想外の大雨だったからで、当方の工事に手抜きはないですよ」

と、応じる気配は全くない。「このような訳で、再補修工事代を請求してほしいんです」という依頼で、損害賠償を請求することになったのである。双方の主張も出し尽くされて裁判も大詰めとなり、相手方の工事を担当した職人の証人尋問も済んだ後、いよいよこちらの本人の尋問の番となった。

私は、本人とは十分に打ち合わせを行っていたつもりではあったが、弁護士になって初めての尋問でもあったため、かなり緊張しており、両足が宙に浮いているかのように揺れていた。そこで、自分を落ち着かせようと、証言台に立っている本人のもとに歩み寄り、問題となっている補修工事の請負契約書を示して、開口一番、

「この契約書は、あなたが相手方に対し、本件の工事を頼んだ際に作成されたものでしょうか」

と質問した。すると本人は、

「私は頼んでおりません」

と答えたのである。私は一瞬戸惑ったが、本人も緊張していて質問を取り違えたのであろうと思い、もう一度、

「あなたはこの契約書で、問題となっている工事を相手方にお願いしたのでしょう」

と尋ねると、彼は、

「いいえ、私はお願いした覚えはありません」

と言うのである。私は絶句し、しばらく立往生したままで、足の揺れは一層強く感じられた。裁判官は〈どうなっているのか?〉という顔をしているし、相手方の弁護士はにやにやしている。その間、実際は二〜三秒だったであろうが、私には二〜三〇分も経過したとさえ思われた。私はやけになって、

「では、本件の工事は、どのようにして契約したのですか」

という質問を発した。すると本人は、

「相手から『工事をやらせてくれ』と頼みに来たんですよ」

と、彼もいささか憮然《ぶぜん》として答えたのである。後はどんなやりとりをしたのか、全く覚えていない。単に年月がたったからというだけでは決してなく、おそらく上がりっぱなしでの初体験だったからであろう。

幸いなことに、この裁判はこちらが勝訴したから良かったものの、生まれて初めての経験での事例は、その後の尋問における教訓として、今なお私の脳裏に焼き付いている。

＊

ある刑事事件における弁論でのしくじりも、私には苦い経験として未だに忘れることの

できない一つである。

大学時代からの親しい友人の結婚式が行われた日のことであった。私はその友人に頼まれ、披露宴の司会を務めていた。新郎である友人の学生時代の同級生も多数招待されていた。その中の一人であり某社に勤めていたKが遅刻しそうになり、自家用車で宴会に駆け付けた。私は司会席に居たのでその席に居合わせなかったものの、親しい者同士が円卓を囲んでの宴会であったから、差しつ抑えつの状態になったことは想像に難くない。後で知ったのであるが、Kも結構飲んでいたとのことであった。

私は司会の務めを果たした後、世話人たちの慰労会を兼ねた二次会にも出席した。そして電車に乗るのもおぼつかない状態で帰宅し、すぐ寝入ってしまったのだが、夜半、警察からの電話でたたき起こされた。「Kが結婚式場から郊外の自宅に帰る途中、追突事故を引き起こしました。幸い、相手の運転者は軽傷で済みそうですが、Kは酔ってもいるので、一晩泊まってもらいます。本人の希望ですので、明日、面会に来てくださいませんか」とのことであった。

Kは翌日、処分保留のまま釈放されたが、むち打ちの障害を負った被害者との示談が難航し、また何よりも、飲酒運転の上人身事故を起こしたとして、検察官から起訴されてしまった。

私は、いや応もなくKの弁護を引き受けざるを得なくなり〈彼を何とか実刑から免れるようにしたい〉と必死であったが、裁判の期日までには被害者の傷が治らないということで、とうとう示談を成立させることはできなかった。

検事は「Kは酩酊《めいてい》状態で車を運転し、事故を起こした」と、厳しい論告を行った。これに対し私は「事故直後に行われた実況見分調書によると、彼の前方を走っていた車が急停車するのを見て、彼も停車したものの間に合わず、追突したものではあるが、現場に残された彼の車のスリップ痕によれば、ポンピングブレーキを踏んだ形跡があったところから、酒気帯びは避け難いとはいえ、酩酊状態ではなかった」と弁護した。しかし私は〈これだけでは彼が実刑判決を受けるかもしれない〉という危機感から、最後に「私も当日の結婚披露宴に世話人として出席していたものであり、車で出席した者があれば、私としても注意すべき立場にあったから、私にも一端の責任がある」と弁論を行い、結論として執行猶予の判決を求めたのである。その途端、裁判官の顔が苦虫を噛み潰したように変わるのが見えた。「事故を招いた者が仮に法曹関係の身内であろうと、他の人たちと区別するわけにはいかない。弁護人の友人であるからといって、刑を軽くするようなことはできないではないか。法廷には一般の人たちも傍聴に来ているのだぞ」。裁判官からそう言われたような気がして、私は肩を落とすようにして法廷を後にするほかなかった。

判決言渡しの日、Kは坊主頭になって私の前に現れた。そして「実刑が言渡されたら、控訴をしないですぐ刑に服したいから、よろしく頼む」と言うのである。その姿を見て、私は一層やりきれない思いであった。

私の一縷《いちる》の希《のぞ》みも空しく、裁判官は、Kが事故当時酩酊状態ではなかったことは認めてくれたものの、禁固一年の実刑判決を言い渡したのであった。

善かれと発した一言が、今なお忘れられない苦渋として時折よみがえってくるのである。

自転車三台目の代償

彼は、酒が入らなければ実に憎めない男である。年は私より少し上だったが、笑顔を絶やさない下町っ子特有の人懐っこさがあり、人が重い荷物を運んでいれば、誰彼なく声を掛け手を貸すという風で、しかもなかなかの男前である。私は彼に親しみを込めて密《ひそ》かに「向島の好太郎」と呼んでいた。

私が彼の国選弁護人になったのは、彼にとって二度目の裁判の時であった。

酒が入ると、とにかくじっとしていられなくなるのが彼の性分で、飲み屋を探してハシゴをするのが常であった。始末が悪いのは、酔うと手当たり次第、目に留まった自転車に乗って動き回ることである。それでも近所でなら、彼が「危ないよ、危ないよ」と、ベルの代わりに大声を出してふらつきながら自転車を乗り回しても、大目に見てもらえた。しかし、ほかの町内まで乗って行った自転車を放置し、一杯やった後、また別の自転車に乗って走り回るとなると、世の中が放っておいてはくれない。こうしたことが何回も重なり、地元の交番に苦情が相次いだ。

彼は、酒を飲んでいないときは神妙に説教を聞くものの、飲んでしまうと効果がなくなるため警察も放っておけなくなり、ついに自転車の窃盗容疑で送検されてしまった。そして「常習的であるから」と裁判にかけられ、すでに懲役六月執行猶予一年という判決を受けていた。しかも、その裁判から半年も経過していないのに、またも事件で、私が国選弁護人となったのである。

住まいのある向島からそう遠くない町の夏祭りに出掛けた好太郎は、神社裏の屋台で一杯引っ掛け、お袋さんの土産にしようと、ビニール袋に入った金魚を片手にぶら下げて、目に入った自転車に乗った。そして家に帰る途中、自動車道でよろめいた彼は、後方から走って来た自動車にはねられ、救急車で病院に運ばれた。酔いが幸いしたのか、抵抗なく倒れたため大した怪我ではなかったが、駆け付けた警察官に「金魚がなくなった」と喚《わめ》いていたそうである。ところが、警察官は、彼が乗って被害に遭った自転車を調べて驚いた。交番の脇に置いてあった白塗りの自転車だったのである。

こうして、被害者のはずだった好太郎は、窃盗の容疑者で取り調べを受ける羽目になってしまった。

もともと彼は自転車をちょっと拝借するつもりであって〈自分のものにしよう〉などという考えはないのだが、たとえ使用後に元の場所に戻しておくつもりであったとしても「持ち主に無断で乗り回せば窃盗になる」というのが判例であるから、無罪の主張も難しい。しかも執行猶予中であるから、二度目の裁判で実刑を受ければ、前の裁判の執行猶予も取り消されることになる。仮に前の裁判同様に六月の実刑が言い渡されたとすれば、自転車二台の寸借で、合計一年の刑に服さなければならないのである。唯一実刑を免れるとすれば、例外的に認められる再度の執行猶予をつけてもらうほかない。〈そのためには、絶対に本人に酒を絶ってもらおう〉。私は、彼の身近にいた地元の保護司に事情を話して協力を求め、証人として出廷してもらうことにすると同時に「本人には一週間に一度お宅に伺わせるので、その都度お酒を飲んでいないことを確かめてください」とお願いした。本人も「必ず伺います」と言うので、「私のところにも報告に来るように」と約束させた。

裁判官も〈自転車二台で服役させるのは……〉と考えてくれたのであろう。保護司の力添えもあって、再度の執行猶予（二年）を受けることができた。しかし、二回目の猶予の対象となった刑期は、検察官の求刑どおり懲役一年とされたのである。

私は国選弁護人であったし、判決が言い渡されることによって私の仕事は一応終了したが、彼は几帳面に、一カ月に一度くらいの割合で私の事務所を訪ねて来て「あれから飲んでいません」と報告するのである。仕事の都合で約束の日に一日でも遅れることがあれば、必ず事前に電話をしてくるのだった。

二度目の裁判から一年が過ぎ、最初の裁判の執行猶予の期限が経過して、その判決の分は執行されないことが確定した。私はやれやれと胸をなでおろすと共に〈この分なら、少なくともあと一年は大丈夫だろう〉と思った。

それから何日目だったであろうか。私が寝付いたばかりのころ、けたたましく電話が鳴った。夜更けに何事かと出てみると、電話の主は「〇〇署の看守係です」と名乗り、「無灯火の自転車に乗って川べりをふらふらしている男を保護したところ、男が『俺の顧問弁護士に連絡してくれ』と言うので、電話しましたが、本当にこの男の顧問をしているのですか」と「好太郎」の本名を告げるのだった。私は「顧問ではないが、よく知っているので、明朝伺いましょう」とだけ回答したが〈好太郎もせっかくここまで辛抱したのに〉と思うと、まんじりともできなかった。

翌朝〇〇署を訪れると、本人は直立不動の姿勢で「あれだけ言われていたのに、近所の友達に勧められ、つい『一杯だけ』と飲んでしまいました」と言う。そして「申し訳ない」と繰り返すのだった。

自転車に書かれた名前には、彼の自宅付近の住所が記されていたが、どうして川べりを走っていたのか、彼は全く覚えていないという。しかも、自転車は発電装置も付いていない上、パンクしたままの状態であった。

二台目の自転車で執行猶予中の身で起訴されれば、今度は実刑を免れることはできないから、何としても起訴だけは防ぎたい。私は、彼が○○署から東京地検に送検された後、担当検察官が決まるのを待ちかねて、面会を申し入れた。しかし検察官は私の意図を十分察しており、事務官を通じて「あなたのことは、彼からよく聞いています。気の毒ですが、前後の状況から、今回の件だけを起訴猶予にする訳にはいきません。あなたに会うと情に負けそうなので、面会できないことを了解してほしいのです」と言う。こうして私は、彼を救うことができず、彼の三台目の自転車事件の弁護を、いや応なく買って出ることになった。

証人として再び出廷してくれた保護司は「紹介した勤務先には一日も休まずに出勤し、店主からお礼を言われるくらいによく働いています。私のところには毎週一回、必ず状況報告に来ています。なぜこうなるのか、私には彼が病気としか思えません」と証言してくれた。私はこの証言を踏まえ、彼の精神鑑定の申請を行った。彼が自転車に乗っていた状況から見れば「心神喪失とは言い難いが、心神耗弱《こうじゃく》の状態だった」と言えるのでは？と考えられたからである。裁判官はこの申請を受け入れ、ある都立病院に鑑定を依頼することになった。

彼は、医師に呼ばれている前日に私のところに来て、「どういう段取りになるのですか」と、不安そうに言う。私は、

「明日だけは、この間あんたが飲んだのと同じ量のお酒を飲ませてもらえる。最後のお酒だと思って、お腹を空かせて行って、思いっきり頂いてくればいいのです」

と言って、彼を送り出した。

彼がまた私のところにやって来たのは、それから三、四日たってからのことであった。額や二の腕にすり傷をつけている。そして素面《しらふ》なのに珍しく息巻いて「病院で予定時間より待たされた上、大したつまみもなく、事件当日と同じようにとビールとお酒を飲まされたので、酔いが一遍に回ってしまい、訳が分からなくなりました。気が付いたら一昼夜たっていた上、ベッドに寝かされ、ベルトで固定されていました。病院では私が酔って暴れたからだと言われましたが、私は酔っても暴れたことはない。観察されただけでなく怪我までさせられたのだから、病院を訴えてください」と言う。私は〈私の考えどおりにいった〉と思わず吹き出し、

「まあ、鑑定の結果を待ってからにしましょう」

と言って、彼をなだめた。しかし、鑑定書は予定の三カ月がたっても出来上がってこず、

審理は半年ほど空転した。検察官は〈このままでは、二度目の裁判の執行猶予期間も過ぎてしまう〉と考えたのか、裁判所を通じ、早く鑑定書を提出するよう鑑定医に促した。

提出された鑑定書には、彼は医師に指示されたとおりに飲酒をした後「呂律《ろれつ》が回らず足元もおぼつかない状態になったにもかかわらず、衣服を脱ぎ捨て真っ裸になって踊り出したりしたため、怪我でもさせてはと、居合わせた看護師（婦）らが止めようとしたところ、今度は看護師を追い回した」と記載されていた。この状況では、鑑定時においては完全な酩酊状態だったと言ってよいであろう。しかし検察官は「少なくとも自転車を運転できたのだから、事件当時は心神耗弱の状況にもなかった」と主張し、今回も懲役一年を求刑した。

裁判官は私の心神耗弱の主張を入れはしなかったが、懲役の刑期を六月と半減させた。双方の顔を立てたかのような結論だったが、二度目の執行猶予が未だ消えず保護観察を受けている身にとっては、実刑を免れるものではなかった。彼は、一年と六月とを合わせた実刑に服することになってしまったのである。

刑務所の中ではもはや酒も飲めないし、飲まなければ相変わらず几帳面だったはずで、おそらく模範囚だったのであろう。一年余りで仮釈放された彼は、真っ先に私の事務所を訪ねて来た。そして入口の階段に座って、事務所の開くのを待っていた。その手には、途中で買ったという小さな福寿草の鉢が、大事そうに抱えられていた。

「一生懸命働いた分で、買って来ました。もう、酒は飲みません」

いつもの人懐っこい笑顔が、そこにあった。

子供に救われた親たち

「子は鎹《かすがい》」というが、事件を起こした親が自分の子供に救われたという、忘れられない事件もあった。その一つは国選事件でのことである。

事件を起こした本人は、下町の印刷会社に勤務し、印刷のために活字を拾って文章を組み立てる「植字工」と呼ばれる仕事に従事していたサラリーマンであった。妻とまだ幼い二人の男の子に恵まれ、会社と自宅のあるアパートを往復する毎日であったが、ある休日、友人に誘われ初めて行った競輪場でたまたま大穴を当てたことから、競輪に夢中になってしまい、毎月の給料の中からもらう小遣いはおろか、わずかな自分のへそくりの預金もたちまち底をはたいてしまった。

そして、逆転の一発を狙い〈これが最後〉と出掛けたその日も、全く思惑が外れてしまった。おまけに帰りの電車賃まで無くなり、歩いて帰るほかないとしょんぼりして競技途中の競輪場を出ると、周辺に無数に置かれた自転車がふと目に留まった。持ち主たちは今もなお、競技の自転車を血走った目で追っているに違いない。

彼は、放置されている自転車の中から、鍵《かぎ》の掛かっていない自転車を見付けると、それに飛び乗り、自宅目指して一目散にこぎだした。しかし、途中までは無我夢中であったが、家が近くなるにつれ〈このまま自転車を持ち帰る訳にはいかない、どうしたものか〉と心配になりだした。そんな矢先に「中古品何でも買い取ります」という廃品回収業者の看板が目に飛び込んできたのである。

味をしめた彼は、自転車を売ったお金で競輪場に通い、負けてしまうと自転車に乗って帰り、売り飛ばすという行為を繰り返すことになる。そして十数台目、競輪場に「自転車の盗難にあった」という苦情が相次いだため張り込んでいた警備員に、窃盗の現行犯で捕まってしまった。

私は所轄の簡易裁判所から彼の国選弁護人に選任され、検察庁で刑事記録を閲覧したが、記録からは彼のために有利になる情状のきっかけがなかなかつかめず、困惑した。今まで全く犯罪歴がないという以外は、これといった特徴が見当たらないのである。

警察官や検察官により繰り返し書かれた供述調書を読むのにいささか疲れ、最後に綴《と》じられていた本人の戸籍謄本をぼんやり見ていると「正則」という子供の名が目に飛び込んできた。〈これしかない〉と、私は独り合点したのである。

法廷での最後の段階で被告人質問が行われるが、私は彼に対し、その場でいきなり、「あなたは植字工として漢字の意味を十分理解しているはずです！　自分の子供に正義に反し、規則を守らないような人間になれと、『正則』という名前を付けたのですか？」と質問した。彼の体が硬直した。静寂に包まれた法廷の中でしばらく沈黙が続いた後、彼は証言台にわっと泣き伏してしまった。私がこの一言だけで質問を終えると、裁判官に反対尋問を促された検察官も何の質問も行わず、審理は終了した。

幸い、彼の妻が生活費を切りつめ細々と貯えていた預金で被害者の人たちと示談にすることができたこともあって「懲役一〇月執行猶予二年」とする判決を受け、刑務所行きを免れた。

＊

もう一件は、交通事故を起こして相手に重傷を負わせた事件であり、私選弁護人の依頼を受けたものであった。

加害者は大手企業に勤務し、郊外にマイホームを構えていた。大の車好きで、友人から手に入れた中古の外車を駆って、勤めから帰ると毎晩のように自宅周辺を一回りしてくるのが日課だった。しかしある雨の晩、妻が「今日はやめておいたら」と言うのを振り切り、いつものように愛車を走らせていた彼は、暗やみの道路を歩いていた老人に気付かず、後方からはねてしまった。即座に急停車はしたものの、雨の路上に頭から血を流して倒れている老人を見て動転し、また恐怖心に駆られて、被害者を放置したまま自宅に逃げ帰ってしまった。そして、そのまま自分のベッドに潜り込み、布団をかぶって震えていた。

妻は夫の異常に気付いて問いただしたが、彼は何も言わず震えているだけであった。途方に暮れた妻が玄関先に止められたままの車を見てみると、その前の部分には明らかに何かにぶつかった痕跡が残されていた。そこで、夫の実家に連絡して義父に急ぎ来てもらい、父親が彼を問い詰め、事故を起こしたことを聞き出し、尻込みする彼を父親と妻の二人でこもごも説得して、地元の警察署に出頭させた。

幸い、事故直後に現場を通りかかった運転者が救急車を手配してくれ、被害者は一命を取り留めたが、頭部だけでも二〇余針も縫う重傷を負っていた。警察が「ひき逃げ事件」として、現場周辺を中心に加害者を捜索し始めた矢先の本人の出頭であった（犯罪が発覚しているので自首にならない）。

私の仕事は被害者との示談折衝から始まったが、とにかく一方的に引き起こした事故であり、被害者に対し、一切の損害を加害者側で負担するという条件で示談を成立させることなったものの、サラリーマンであるから即金での支払いができず、三年間の分割払いということで、被害者に納得してもらった。その代わり、小さいながらも自分で事業を営んでいた父親を保証人に立てることにした。

交通事故について裁判所の量刑は年々厳しくなり、たとえ示談が成立していても実刑を免れないケースも決して少なくない状況の下で、本件は実刑か執行猶予が付くか、極めて微妙なケースであると考えられた。

彼との裁判期日の事前打ち合わせには、子供が小さいこともあって夫婦が子連れで事務所に現れた。彼の妻には情状証人として法廷に立ってもらうということにしていたのであるが、彼女は一見して出産間近であることが分かるほどの大きなお腹であった。私が真っ先に出産の予定日を尋ねると「来月早々です」と言う。法廷が開かれる日から一〇日もない。私が彼女との打ち合わせの段階で注意したことは「証言台では、椅子を勧められてもできることなら立ったまま証言するように」ということだけであった。また「当日はご主人の両親に、あなたたちの三歳の子供を連れて出席するように」と依頼してもらうことにした。

当日、私は証言台に立った彼女に対し、刑事事件と民事事件は別であり、被害者と示談が成立していても刑事罰は受けなければならないことを説明した上「ご主人が万一刑務所に入らなければならない場合には、示談の分割金の支払いはどのようにして確保するのですか？」と質問し、彼女は「その場合は義父《ちち》が面倒を見てくれることになっています」と答えた。私は次の質問で、義父が傍聴席に来ていることを確認した。

こうしたやりとりをしている間にも、何も分からない三歳の子供は、物珍しそうに傍聴席をうろうろし始めた。義父がこれを押さえようとするが、法廷の中では声も出せず、追い掛けることもはばかり、戸惑う様子が私の背後からも感じられるようになると、壇上の裁判官が傍聴席に目をやり、いらいらし始めた。私はすかさず傍聴席を振り返り、彼の母親に向かって、

「お義母《かあ》さん、お孫さんを廊下に連れ出してください」

と叱責した。母親は突然のことにびっくりして孫を押さえ、あたふたと廊下に出て行った。

私は何事もなかったかのように、

「お義父さんには、支払う能力があるのですか？」

と質問を続ける。と、彼の妻は、

「義父と相談の上で決めたことですから、大丈夫だと思います」

と気丈に答えた。その時、裁判官がたまりかねたように口を挟んだ。

「奥さん、出産の予定日はいつ？」

「来月早々の予定です」

するると、裁判官は私の方に向き直り、あたかもパントマイムでも演じるかのように〈なぜこういう質問をしないのか〉という顔をした上、質問を続けるよう、無言でうながした。私は〈裁判官が口を挟んだのだから、自分で質問を続けたらどうですか〉というように、口を閉ざしたまま横を向いた。しばらく沈黙が続いたことにいささか慌てた裁判官は、所在なさそうに、

「それにしても、奥さんはよく本人を出頭させましたね。それがなければ、どうにもならない事件ですよ」

と呟《つぶや》くように言った。「裁判官の質問は厳しいですよ」と私から聞いていた彼女は、打って変わった裁判官の優しい口調にほっとして気が緩んだのか、その場にわぁっと泣き伏してしまった。裁判官が困惑して再び私の方に顔を向けたのを感じながら、私は裁判官を無視するようにして、

「廷吏さん、万一の場合に備え、救急車を呼ぶ用意をしておいてくれませんか」

と呼び掛けた。裁判官がくぐもった声で、

「なぜ救急車ですか？」

と言う。私は、

「出産間近の妊婦がショックを受けると、急に産気付くケースがあるからです」と答えた。現に私の妻が四人目の子を出産する際に、救急車のサイレンを聞いて路上で産気づいた経験があったのである。裁判官は慌てて閉廷を告げ、廷吏に「様子を報告するように」と指示して、裁判官室に引き上げてしまった。私は彼と母親に、彼女を傍聴席の椅子に横にならせるように言って、しばらく様子を見た上で、心配顔の廷吏に、

「大丈夫のようだから、裁判官に再開してくれるようお願いしてください」

と依頼した。迎えに走った廷吏が戻って来て「裁判官が先生を呼んでいます」と言う。裁判官室には立会検事も控えており、裁判官はまず私に「再開後の手順をどうするつもりですか」と聞くので、私が「もう質問することはありません」と答えると、今度は検事に対し「反対尋問もやらなくてもよいのではないでしょうか」と尋ねた。検事がこれに応じると「これで証人調べを終了したことにして、次回に判決を言い渡します」と言うのである。

しかし私は、〈被告人の妻が夫に勧めて出頭させ、しかも臨月であることに、裁判官の心証が傾いている。この状況を維持したまま、判決をしてもらえれば〉と考えた。そこで、

「被告人の妻は、夫が実刑になる場合もあることを十分納得した上、法廷に臨んでいますので、言渡し期日がもう一回先になって心配をかけ続けさせるよりも、今日言渡しをしていただいた方が、体にも良いと思います」

と言うと、

「今日の予定がすべて終了した後に再開するということでいいですか?」

と、裁判官から温かい言葉が出た。私は、

「私たちの都合でお願いするのですから、いつまでもお待ちします」

と答え、ほっとして外に出た。

夕方までの二~三時間が、私だけではなく本人たちにも何日にも感じられたであろうが、禁固三年の求刑に対し、判決は「禁固二年六月、執行猶予四年」とするものであった。判決の後、何も知らずはしゃいでいる三歳の子供をしっかり抱きしめていた臨月の妻の姿を見て、私にも熱いものが込み上げてきた。

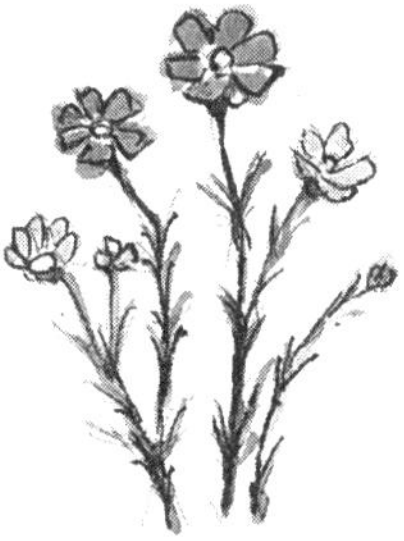

組合員に告ぐ

梅雨明けの暑さをいといながら事務所に向かう途中、電気店の主人に、店の中から呼び止められた。寄ってみると、店の奥の部屋の上がり框《かまち》に、肩をすぼめた店員風の男が座っていた。主人は「早速ですが」と、その男について語り出した。

事件の発端はこの春先、近隣の電気器具店やその従業員が加盟している組合のメンバーで、伊豆の温泉に一泊旅行した時のことである。宴会の座敷にコンパニオンを呼んだところ、くだんの男性がそのうちの一人とすっかり意気投合し、酒の勢いもあって、宴会の後二人で抜け出し、ラブホテルに直行してしまったのである。

ところがそれから数日して、その女性から男性の勤務先に「東京に来ているので、会ってほしい」との電話があり、指定の喫茶店で再会した。すると「交通事故を起こして、賠償金を払わなければならなくなった。私が持っているダイヤの指輪を担保に、お金を貸して」と言う。仕方なく五万円を貸したのが始まりで、彼女はそれからちょくちょく上京し、男性用の洋服生地であるとか、贔屓《ひいき》のお客にもらったバッグであるとかといって持って来ては、お金を無心した。

くだんの男性は、奥さんに内証のへそくりも底をつき「もう、出す金はない」と断ると「あなたの自宅に電話するわよ」とすごまれた。彼女は「また来ます」と言ってその日は帰ったが、さあ、男性は青菜に塩「自宅に電話されたら、妻に浮気がばれてしまいます」と、すっかりしょげかえっている。

電気店の主人は「『警察に連絡しろ』と忠告したが『女と手は切れてもやはり妻に分かってしまい、離婚されかねない』と泣きつかれ、困っているんです」と言う。

「先生、助けてください」と口説かれ、考えあぐねた末、私は、男性たちが所属する組合の組合長を務めているという電気店の主人の名で、組合員宛の連絡文を作成して配布することを思いついた。その内容として「過日の旅行の際、何事も起こさなかったのに、宴会に招いたコンパニオンの一人が、組合員の中に『いかがわしい行為を迫った者がいる』と店主や家族などに連絡すると脅かし、金銭を無心しようとしているので、気を付けるように」ということを盛り込むよう提案した。

主人は慌てて、「そんな回状を出したら『誰がやったんだ』とたちまち話題にされ、お

まけに身に覚えがない者まで山の神に柳眉《りゅうび》を逆立てられ、とんでもないことになります」と言う。私は「作成する連絡文は、一通だけ」と言った。〈何で一通だけ?〉と怪訝《けげん》そうな顔の主人に、その手順を説明した。その連絡文を男性が妻に見せ、もし不審な女性から電話などがあったら取り合わないように言っておくこと、そして、くだんの女性から男性に連絡があったら「妻に全部話してあるから、電話でも何でもしてくれ」と居直るように、と言い含めた。何も知らない奥さんに架空の連絡文を見せることには後ろめたさを感じてはいたが、夫婦円満のためと許しを乞う心境であった。

数日後「女からまた電話があったので、先生のご指示どおりにやったら、ガチャンと電話を切られ、それっきりだそうです」と、電気店の主人からお礼の挨拶があり、水羊羹《ようかん》が届けられた。主人の「夫婦仲はうまくいっているようです」という言葉に安堵《あんど》したが〈水商売の問題を解決して水に流してくれたお礼に水羊羹とは、洒落《しゃれ》ている〉と思ったのは、考え過ぎであろうか。

新婚旅行

ある日、顧問をしている会社の部長が、部下の加藤君とその両親を連れて事務所を訪れ、いきなり「加藤君の離婚裁判をやってください」と言う。取りあえず訳を聞くと「加藤君が結婚式を挙げたのは三日前のことで、披露宴後、新婚旅行に出掛けたのですが、初日の京都のホテルから、新妻が脱走したんです」と言うのである。

「こんなに人を馬鹿にした話がありますか。来賓として呼ばれた私の立場もありません。離婚はもちろんですが、結婚披露宴に掛かった費用や慰謝料を請求してやってください」と部長は息巻き、加藤君と両親は気まずそうにうつむいたままである。私は〈とにかく本人の話を聞いてみなければ〉と、部長と両親を事務所に残し、加藤君と二人、近くの喫茶店にしばらく退避することにした。そこで加藤君はようやく、重い口をぽつりぽつり開いた。

加藤君と新妻幸子さんの各々の勤務先は、同じビルの同じフロアにあり、会社勤めをするようになったのも同じ頃で、廊下などでよく出会うことから言葉を交わすようになった。やがて、夕方仕事が終わるのを待って一緒に食事に行ったり映画を見たりするという交際を経て、一年ほど前からお互いの下宿を往き来して、次第にどちらかの下宿先から一緒に出勤するようになったため、結婚に踏み切ることになった。近々彼女の下宿は引き払い、当面は加藤君の下宿で世帯を持つことになっていた——と、ここまでは何の問題もなく順調に推移していたのである。

結婚披露宴は都内の某ホテルで行われ、二人の会社の同僚が大勢出席し、何しろ会社が隣同士のこととて大いに盛り上がったという。頼まれ仲人は加藤君の勤務先の社長が引き受け、来賓祝辞は二人が各々所属する職場の部長が務めた。お色直しの後は、両会社の若い者同士、席も乱れての交流の場にさえなったそうである。そして披露宴も済み、東京駅で友人らに見送られ、新婦は花束を抱えて新幹線に乗り込み、関西から九州にかけ、五日間の予定で新婚旅行に出発した。加藤君にとっては、まさに生涯最良の日であったはずである。

ところが、列車が走り出し、やっと二人っきりになれたという時、幸子さんが言い出したのは、仲人が新郎を紹介したくだりについてであった。

「あなたは高校しか卒業していないのに『大学を卒業した』と、私に嘘をついていたのね」

「大学を卒業したなんて、一度も言ってないよ」

「高卒だと言わなければ、大卒だと思うわよ」

「俺は『どこの大学を出た』なんて、一度も言ったことないだろう。お互い高卒なんだし、特に言うこともなかったし」

と、加藤君は防戦一方であったらしい。

〈一年も同棲同様の状態で今更学歴でもないだろうが、それにしても、その間何を話題にしていたんだろう〉と、私は、加藤君の話を聞きながら余計なことを考えていた。しかし、幸子さんは納まらないまま京都のホテルに入ったのである。

「お風呂から上がっても、幸子は『どうして黙っていたのよ』と愚痴っていました。その時ふと、私は部長の挨拶を思い出したんです」

加藤君の部長は祝辞の中で「夫婦は最初が肝心である、奥さんがぐずぐず分からないことを言うときには、一発引っぱたくくらいの方が、お互いの理解が深まる」と、ご自分の体験を語ったという。加藤君はそれを受けて「ここだ」とばかり、この部長の言を実行したというのである。幸子さんは、あっけにとられた後、しくしく泣きながら旅行の荷物をまとめ、彼の止めるのを振り切って新幹線の最終便に飛び乗り、東京に戻ってしまった。それだけではない。彼女は翌日から自分の会社に出勤しているというのだから、彼の部長ならずとも穏やかではない。

私はまず、加藤君に「離婚したいのかい？」と聞いたところ「離婚なんか考えていません。できることなら、やり直したいのです」と言う。そこで「デートする時は、いつもどこで待ち合わせをしていたの」と尋ねると「ビルの裏口で、彼女が退社するのを待ちました」という。

「それでは、今日、彼女の帰り際を待って、『とにかくじっくり話をしたい』と言って、彼女を下宿先に連れて行くことだね。彼女の下宿先でもよい。そこではもう理屈は言わず、いいいいいいつものように一晩過ごすこと。それで一件落着だよ」

と私。

「そんなことをしたら、強姦罪になりませんか」

と加藤君。

「おやおや。君たちは夫婦なんだよ」

と私は言ったが、夫婦でも相手の人格を尊重しなければならない時代になりつつあるから、今時なら確かに彼のいう恐れもない訳ではないが、このままでは離婚かどうかの瀬戸際で

ある。私は、何かあったときには任せておけとばかりに彼を励まし、背中をたたくようにして送り出し、部長と両親には「私に一週間ほど下駄《げた》を預けてほしい」と話して、取りあえずお引き取り願った。

それから三日ほどたったが、何の連絡もない。私はいささか不安になって、かの部長に電話を入れてみた。すると、

「あの二人、全く人騒がせな連中で、休暇届を出して新婚旅行のやり直しに行ってますよ。みっともなくて、恥ずかしくて先生に連絡しにくくて。戻り次第、おわびに伺わせますので、うんとお灸を据えてやってください。お騒がせして、済みませんでした」

とのご挨拶である。

一週間ほどして、加藤君が今度は新婦を連れて

事務所に現れ、悪びれる様子もなく、お土産の菓子折を差し出した。言葉に窮した私が「旅行は楽しかった?」と聞くと、二人は声を揃えるように「紅葉がとても良かったですよ」と、まあぬけぬけと答えたものである。

夫婦げんかは犬も食わぬとはいうものの、それを「自分たちの手に負えぬから」と、無理やり弁護士に食わせた部長と、両親の深刻な顔を思い出し、私は我慢できず吹き出していた。

紙一重 ——あの世からのお告げ

げっそり痩《や》せ、さながら真昼の幽霊の様相の女性が、思い詰めた顔で私の事務所に現れた。話を聞いて、銀座のさるクラブのママのIさんだとようやく思い出したほどの変わりようであった。クラブに出入りしていた私の顧客の紹介でIさんが事務所に見えたのは、五年ほど前のことである。

さる大企業の社長（彼女の十数年来のパトロン）が、豪邸も家族もありながら「いずれ結婚する」といって、Iさんのために一軒家を構えさせていた。ところがその社長、仕事が多忙過ぎたのか、よりによって彼女の家で、軽い脳梗塞《のうこうそく》で倒れたのである。幸い大事に至らずに済んだが、家族やその身内に知られるところとなって、彼女の所に通うことはままならなくなった。そこで「自分にもしもの場合があったら、Iの住んでいる家や土地はIに贈る」と、一筆書いてくれた。

法律が分からぬIさんは心配して「社長が万一倒れたときに、この書面が有効なものかどうか、見てください」と言うのである。一枚の便箋様の用紙に「私が死亡したときは以下の土地・建物を下記の者に贈与する」と達筆で書かれていた。私が「贈与も契約の一種ですから、あなたも一緒に公証人役場に行って公正証書にしてもらっておくのが、一番安心なのですが」と言うと、Iさんは「彼の一存で書いてくれたものだからそうまでしたくはないが、あとで問題となっても『この書類で家も土地ももらえることになっている』と主張できれば結構だから」と言って帰ったのであった。

ところが、その社長が三カ月ほど前に再度の脳梗塞で倒れ、帰らぬ人となったという。そして、四九日を過ぎた頃、社長の妻の弟と名乗る人物がIさんの家を訪れ「この家や土地は姉が相続した財産だから、立ち退くように」と通告した。驚いたIさんが「亡くなった社長から贈与されたもので、社長の書いた書類もある」と言うと、義弟は「後日、その書類を持って、社長が経営していた会社に来るように」と言って帰った。Iさんは、てっきり了解してくれたものと思い込み、数日後、銀行の貸金庫から出した書面を携えて、会社を訪ねた。すると、かの義弟は書面を手に取り、読み了えるや否やいきなりライターで火を付け、灰皿の上で燃やしてしまい「これですべて終わりだ」と、Iさんを犬でも払うかのように追い返した。

彼女は悔しさと書面を失った後悔で夜も眠れなくなり、店を休んだまま悶々として数日を過ごし、ついに幽霊もどきになってしまった。そして昨日のこと、疲労困憊《こんぱい》してうとうとしていたところ、故社長が夢枕に立って「弁護士の所に書面の写しがあるから、すぐ行くように」と言ったというのである。

「そういえば、前に先生の京橋の事務所で書面を見て頂いた時に、先生はコピーをお取りになりましたよね。そのコピーはありませんでしょうか」

さあ大変、今度は私が青くなる番である。確かに、私は相談事が済んだ場合でも、本人を安心させるつもりもあり、また、電話などでその続きの相談を受けたりすることがあるため、書類をコピーしておくことが多い。しかし、彼女が再訪するまでの間に、私は京橋から日本橋、銀座と事務所を二回も移転して、すでに数年たっている。引っ越しのたびに、目を通して問題ないものは廃棄してしまっている。果たして見つかるか。冷汗をかきながら心当たりを探す私の手を、幽霊もどきが拝まんばかりにじっと見ている。

小一時間ほどして、年度ごとに大体仕分けしていた書類棚から、少ない紙片をまとめたファイルを探し出し、その中に、他の書類に張り付いていたB5版のコピーを発見した。当時の複写機での複写は、時間の経過と共に紫色の書面が薄くなっていくような代物だったが、文字はまだ十分読むことができた。私はその書面をもう一度コピーし、彼女に言った。

「早速、相手に電話をして言ってやりなさい。『昔、相談に行っていた弁護士の所に、写しが残っていました。すぐに書面どおりに実行してくれなければ、訴えます』と」

私の言葉に安心し、張りつめていた気も緩んだのか、幽霊もどきの顔が赤みを帯び、涙が滴った。

お化けの話はあまり信用しなかった私だが、霊界から夢枕に立った故社長がそんなにＩさんのことを心配していたのかと考えると、ぞおっとすると同時に、人間の業《ごう》の深さを感じさせられた相談であった。
「結局、家と土地は返すことにして、なにがしかの補償をもらいました」
と報告に現れた幽霊ならぬＩさんと話をしながら、私の後ろにも守護霊が見守っていてくれるような気がして、〈先祖の墓参りに行かなければ〉と、殊勝にも考えていた。

人ごとではない…か？

知人の紹介で、事務所に初老の紳士が訪ねてきた。話を聞くと「一人娘が弁護士と結婚し五年目になるのですが、夫婦げんかの末、幼児《おさなご》二人を連れて実家に戻ってきました。娘の話を聞けば、夫の態度が横暴で娘の言うことを全く聞かないらしいので、離婚させたいのです」と言う。口調は穏やかであるが「弁護士ともあろう者が」と言わんばかりに、厳しい姿勢を崩さない。弁護士である私は、多少ぴりぴりした。

聞けば、この紳士は永い間教師を務め、定年退職したばかりで、夫人ともども元気であり、娘や孫二人との生活は十分できる余裕があるという。私は、いかにも謹厳実直そうな紳士からの相談に、いささか戸惑いながら尋ねた。

「横暴というのは、具体的にどういう行動をいうのでしょうか」

「毎晩帰りが遅くて、子供たちが起きている間に顔を合わせることもないそうです」

「外に、交際している女性でもいるのでしょうか」

「それは、ないようです」

「それでは、毎晩遅くまで仕事をしているのですか」

「仕事も忙しいようですが、仕事が終わった後、仲間と飲んでカラオケで歌っていて遅くなることが多い、とのことです」

「はあ、ほかに娘さんが腹を立てておられることは」

「彼は、地元の法律相談を担当しており、その時は夕方早く自宅に戻るのですが、掃除や後片付けがまだ済んでないと、小言を言うそうです。娘にすれば、家事を一生懸命やっており、子供にも手がかかる最中なので『たまに早く戻ったりした時に文句を言われるのは、合わない。第一、あなたは普段は飲み歩いて、いつ帰るとも連絡しないで、あまりに自分勝手だ』と言うと『飲んで歌っているのも、仕事のうちだ』と、勝手なことを言うのだそうです」

私は自分のことを言われているような気がして、しばらく沈黙してしまった。自分自身のことを省みるほかなかった。

私にも四人の子供がいるが、一切妻任せである。確かに夜遅くまで仕事もするが、一段落して同僚との夜食となると、どうしても「一杯……」ということになる。それでも飲みながら仕事の打ち合わせをしているつもりであるが、カラオケがあったり伴奏者がいたりすると、つい歌い出してしまう。その間だけは仕事を忘れることができるのが、何よりの魅力である。事件によっては、夜目が覚めればあれこれ思案して眠れなくなることも多々あり、夢の中で証人尋問を繰り返していることすらある。ワーカホリックの最たるものであり、気分転換は必要条件である。歌って明日の活力を蓄えられれば、「歌うのも仕事のうち」という理屈になる。

妻は私と口論をして言い負かされると「あなたが飲んで遅く帰ってきて、なぜ私が悪者になってしまうの」と言うが「カミさんに言われて反論できないようでは、この仕事で家族を養うことはできない」と答えると、口をつぐんでしまう。

夜眠れないまま、妻はあれこれ考えたのだろう。私に夜の門限時間を提案した。門限は夜九時ということであった。私は妻の言うとおりに受け入れたのだが、守れるときは黙っていても守れるものの、九時を経過してしまうと、何時でも結局は変わらなくなってしまう。やがて妻は「門限を一二時に繰り下げます！」と言い出した。ところが、一二時というのも微妙な時間である。終電に乗っても、一二時を回ってしまう。そこで、妻との協定で、罰金制度が生まれることになった。門限は午前一二時とする。ただし、一二時を過ぎても電車で帰宅した場合は例外とする。もっとも、電車で帰宅したという立証責任は私にある。門限を過ぎ、タクシーで帰宅した場合は妻に罰金を払う。罰金の基本額は三、〇〇〇円とし、一二時以降一時間ごとに一、〇〇〇円を加算する。外泊は、罰金を払っても土下座をしても認められない（外泊は一回もない！　念のため）。

こうして、飲み代・タクシー代・罰金という、私の三重苦の生活がスタートした。しかしそれからというもの、夜遅く帰っても妻の苦言が多少減った。ある時など、ヤメ検（検事から弁護士になった人）の先輩に誘われて渋谷のカラオケバーで歌い続け、気が付いたら明け方だったので、乗って帰ったタクシーに家の前で待っていてもらい、顔を洗い下着を着替え、妻に罰金を渡してそのまま事務所に舞い戻ったこともあった。

そうこうするうち、ある日突然、妻が私に外国製の腕時計を買ってきた。その理由は「あなたが時間を守らないからよ」と言う。

「こんな高級な時計、買う金どうしたの」

と質問すると、貯めておいた罰金全部に自分のへそくりをほんのちょっと足して買えたとのこと。これにはさすがの私も参ったものである。

さて、本題に戻ろう。私はその腕時計をそっと見ながら自責の念をかみ殺しつつ、おもむろに初老の紳士に言った。

「お父さん、申し訳ありませんが、おっしゃっているような理由で離婚が認められるとすれば、私がまず離婚しなければならないくらいです。私には、娘さん夫婦の離婚申立をする資格は、とてもありません……」

　すると、その父親は一瞬絶句した。そして確かめるように「あの、先生も、夜飲んで歌を歌っているんですか」とか「帰りはやはり遅いのですか」とか「たまに早く戻って家が片付いていないと、小言を言われることがあるのですか」などと、矢継ぎ早に質問を重ねてきた。「申し訳ありません、そのとおりです」と、私は自白せざるを得ない。父親は呆《あき》れ顔で「このような理由では、離婚は認められませんかね」と言う。私はそれには答えず「娘さんたちが実家に戻ったのは、いつですか。現在、娘さんはどんなご様子ですか」と尋ねた。

「今日で三日目です。それが、最初は『もう戻らない』と怒りまくっていたのですが、今は、黙って考え込むことが多くなっています」

「それはまずい。これ以上実家にいると、だんだん戻りにくくなる。本当に離婚することになってしまいますよ。子供さんのこともある。幼稚園も休ませているんでしょう。夫婦関係は、壊そうと思えばいつでもできます。取りあえず一旦は、円満に戻す努力をしてみてください」

と言う私に対し、

「相手の方が悪いのですから、今更娘の方から戻るという訳にはいかないでしょう」

と父親。

しばらく思案の上、私が提案したのは、父親から相手のもとに出向いてもらい「娘は、口にこそ出さないものの戻りたい風情である。しかし、意地もあり自分からは戻るに戻れない。ここは、子供たちのために、あなたが迎えにきてくれないか」とお願いする形をとってもらう、というものであった。「なぜ私が頼まなければならないのでしょうか」と父親は不満気であったが「可愛いお孫さんのためですから」ということと「それで迎えにきてくれないようなら、調停の申立を考えます」という私の言葉に、渋々了承して帰った。

〈あの堅物《かたぶつ》の親父《おやじ》さん、うまくやっただろうか〉と、多少の不安を感じていた数日後のこと、出先から戻った私の机の上に「御礼」と達筆で書かれた熨斗《のし》袋が置かれてあった。くだんの紳士からのものであった。何より、うまく治まったことに、私は自分のことのように安堵した。

私は、紳士の紹介者であるさる割烹のおかみに、無事解決したことを報告し「酒も煙草《たばこ》もやらないようだし、真面目を絵に描いたという感じのお父さんで、緊張したよ」と話したところ、おかみは笑いを堪《こら》えながらこう言ったものである。

「何おっしゃってるんですか、先生！　粋なお父さんですよ。うちのお座敷で飲んでは、三味線で遅くまで唄《うた》っているくらいですから」

私が思わず絶句すると、おかみは今度は声を上げて笑った。

保証の一筆

弁護士になって、初めて私個人に事件の依頼があったのは、私が高校～大学時代にアルバイトで働いていた会社の社長であった。

社長が言うには「経営するガソリンスタンドで定期的にガソリンを購入していた運送店があり、そこが振り出した額面一〇〇万円の約束手形が不渡りになったので、取り立ててほしい」というものであった。

それはちょうど、手形についての裁判手続が改正になり、手形を振り出したことに間違いなければ、通常一回の裁判で結審し、判決するということになった直後であった。私は、大学の教授もしていた弁護士の大家《たいか》が書いた書式を引き写して、訴えを起こした。ところが、運送店の主人が裁判所からの呼出状を持って相談に駆け込んだ先は、何と、その大家の弁護士事務所だったのである。

司法試験に合格すると、次は司法研修所でさらに研修を積み、修習を終えて、弁護士や検事、判事への道を歩むことになる。弁護士の場合、当初から顧客を得ることは困難であるし、資格はあっても、裁判での駆け引きなど実務的な勉強を兼ねて、どこか大先生の弁護士の事務所にお世話になる場合が多い。いわば居候の弁護士なので「イソ弁」と通称されている。なお、大先生は陰では「ボス弁」と呼ばれている。

さて、その裁判の当日、私同様弁護士になりたての大家のイソ弁が出廷し「ボス弁から『何とか一回延期してもらうように』と指示されてきた」と哀願する。私もイソ弁で苦労していたので、同様の身に同情し、その日のうちにボス弁と面談させてもらうことを条件に、延期に応じることにした。

その日の午後、私は大家の著書を手に相手方の事務所を訪ね、開口一番、

「先生の解説書では、『手形訴訟は原則一回で結審できるようになった』と書かれているではないですか。私は、この本を見て訴状を書いたのですよ。どうされるおつもりですか」

と強張《こわば》った口調で問いただしたところ、

「いやぁ、参った。何とか、分割で払わせてもらえないかなぁ。まだ本人の案がまとまっていないので、本人を君の所に伺わせるから、話を決めてくれ」

と言う。私は拍子抜けして論《あげつら》う気も失せ、これを了承した。

その翌日、運送店の主人が友人でKと名乗る男を伴って、私の事務所にやって来た。主人は口が重いが、K氏はよくしゃべり「主人の取り引き先の運送費の支払いが滞り、一時的に資金繰りがつかなくなったため支払えませんでしたが、一年くらいの分割にしていただけたら、間違いなく支払えます。本人は実に生真面目な性格で、約束を破るような男ではありません」と言う。私は黙って一通り聞いた後、彼の言うことが本当かどうか確かめようと考え、

「あなたがそんなに信頼できる人なら、そのとおりの分割案で依頼者を説得します。ところで、あなたは『裏切られる心配がない』とおっしゃるのだから、保証人になっていただけるのでしょうか」

とさりげなく水を向けてみると、K氏は気持ちよく承諾してくれたのである。そして幸いなことに、K氏の言のとおり、分割の約束をした一年間できちんと支払いが完済され、私はかつての雇主のガソリンスタンドの社長に面目を施すことができた。

裁判所で分割で支払うことを約束しても、最後の段階になると、支払わなかったり遅れたりという相手も少なくない。私は、全額の支払いを受けた後、K氏に約束どおり支払ってくれたこととの報告かたがた、敬意を表する礼状を書いた。

それから数年を経て、独立したばかりの私の事務所にK氏が尋ねてきた。くだんの運送

店はその後経営が思わしくないため、友人として再三援助してきた。少し前には、ある有名プロダクションの出版物を運搬する仕事が入り、その運送賃が一カ月数百万円にも及ぶようになったので、ようやく一息つける状態であった。ところが、最近そのプロダクションの経営状態が思わしくなくなったようで、支払いが滞るようになった。万一の場合に備え、同プロの社長に担保を提供してくれるように依頼したところ「社長は『自宅を担保に入れてもよい』とのことなので、その契約書を作ってほしいのです」と言うのである。

翌日、K氏は初老の品のある社長を伴って再来した。社長は自宅の土地・建物に根抵当権を設定することに異存はないということなので、私はその場で契約書を作成し、登記手続きについては知り合いの司法書士を紹介することにした。

一段落したところで、その社長が言うには「プロダクションを実際に主宰しているオーナーとは学生時代からの親友で、頼まれて社長に就任しています。私の立場で先生に相談する訳にもいかないのでしょうが」と断りながら、こんなことを言い出した。

友人であるオーナーは、自分では決して会社の債務の保証をしたりはしない人で、社長である自分が全部保証しているが、本人はいつも「万一の場合には、お前に迷惑をかけるようなことはしないよ」と言う。その言葉を信用してはいるものの、経営のことはどうなるか分からない。「彼との信頼関係を壊さないようにしながら、何とか一筆もらう方法は

ないだろうか」というのである。

私は今日作成した契約書をオーナーに見せて「『一緒に暮らしている家族の手前、日頃言われている〝万一の場合には、お前に迷惑をかけない〟ということを、メモにでも書いてもらえないか』と頼んでみてはどうですか」とだけアドバイスをした。

ところが、数カ月を経ずしてこのプロダクションは倒産し、一、〇〇〇万円近い運送料が焦げ付いてしまった。Ｋ氏によれば「社長は『自宅を処分してでも支払うので、しばらく待ってほしい』と言っている」とのことであった。

それから一カ月余りして、私も立ち会った上で、社長の依頼した債務整理担当の弁護士から、運送料が全額支払われることになった。その弁護士によれば、社長は私のアドバイスに従ってオーナーから一筆もらっていたので「自宅を売らずに済んだ」と、最終的には喜んでいたとのことであった。

債権全額の支払いを受けた上、債務者から感謝されたのは初めてのことであった。

今でもそのプロダクションの作品を見ると、当時のことを思い出すのである。

愛人は組合
――色即是金

ある男性が、孫が中学生にもなる年なのに、居酒屋で働いていた女性に恋をした。それも、自分の妻より五歳も年上の女性にである。女性の方は、相手は妻子も孫もある身なのにと、最初は困惑していたが「堅気一本で過ごしてきた男が初めて本気になったのだから、死ぬ前に一度くらいは良い夢を見たい」とか「数百万円ほどへそくりがあるから、それでお前の店を出そう」とか、数多《あまた》の口説き文句にほだされて、だんだんその気になってきた。

やがて男性は、自分の住居の隣町にあった喫茶店の跡を女性の名前で借り受け、へそくりで一階を居酒屋に、二階を女性の住居に改装させて、足しげく通うようになった。

店は初めの頃こそ、前に勤めていた所のお客に声を掛けたりして結構繁盛していたが、酒飲みの客は敏感なもので、飲みに行くたびに出くわす男性客と女店主の何気ない素振りから二人の関係が読み取れるのか、口説けないと思ってのことか、次第に客足が遠のいてしまった。そうなると、売り上げは家賃の支払いにすら足りなくなり、へそくりをあらかた店の改装に使ってしまった年寄りの男性の小遣いだけでは、どうにもならなくなった。悪いことに、毎晩家を抜け出す夫に不審を感じた老妻が、よりによって町内の大工の頭の所に「だんつくが、ちょっとおかしいのよ」と相談に出向いたのである。

「この間お宅の旦那から紹介されてうちで内装を請け負った飲み屋にでも、行っているんじゃないの」

という頭の一言で、すべてがバレてしまった。老妻と子供たちから詰問された男性は、

「女性にだまされ、へそくりを全部貸し出してしまったので、返してくれるよう、催促に行っていたのだ」

と言い逃れをするほかなかった。これで、男女の関係もすべて解消である。

女性の方は、店の家賃が支払えず、家主から明け渡しを求められ、安アパートに引っ越した。その上、泣きっ面に蜂で、女房と子供の連合軍に尻をたたかれた男性の名前で「貸した金を返せ」という裁判を起こされる羽目になったのである。

わが事務所のボス弁は、裁判所から送られてきた訴状を持って駆け込んできた女性の担当に、私を指名した。

女性は「お金は先方からもらったものです」と言い張るが、贈与を受けたという証拠は

何もない。さりとて「先方からお金を借りた」という借用証も書いてはいない。しかし決して少なくない金額だけに、裁判所も、男性に返さなくてよい性質のお金であると認めることができなければ「女性が借りたもの」と言うほかはないであろう。愛人だったという理由だけでは「返さなくてよい」とも言えないであろうし、また、両当事者が愛人関係であったということだけは、相手方のためにもできることなら触れたくないと思った。

私は、ねじり鉢巻で試行錯誤の末、このお金は「出資金」であるというほかないだろうという苦肉の策に達した。「二人は居酒屋という事業を営むために『組合』を結成し、その目的達成のため男性は金銭を、女性は労力を出資した」というのが、主張の骨子である。「こうして事業は始められたが、目論見どおりにいかず、あえなく倒産してしまった。そのため、未払いの家賃や借家を元の状態に戻す費用が債務として残っているだけで、出資をした組合員に返済できるものは、何も残っていない」というものである。私には勝つ見込みはなかった。女性の強みは、負けても持って行かれるものは何もないことくらいであった。

法廷での男性の供述からは、家族から訴えを起こすことを強いられた苦渋が感じられたせいもあり、結論的に裁判官は女性側の主張を認め「この組合の性質については、男性が表向き名前を出さないようにしていたものであるから、商法で定められた匿名組合であ

る」とした上で「組合は精算しても残存する資産がないから、出資者に返還するものはない」と認定して、男性の請求を棄却してしまった。現実離れした論理と言えなくもないが、事件の背景を考えれば、結論は「大岡裁き」ではないかと、妙に感動した。

判決から数日後、女性がリンゴパイを持って事務所にお礼に来た。ボス弁は私に、

「今、彼女は費用を払える状況ではないから、払えるようになるまで待ってやることにしたよ」

と言ったが、その後、報酬をもらったという話はまだ聞いていない。ボス弁がうまく手玉に取られたということでは決してないが、リンゴパイを見ると、妙に甘酸っぱい記憶がよみがえるのである。

尾道の女《ひと》

昭和四〇年代に北島三郎が次々とヒットさせた《函館の女》、《金沢の女》などの女《ひと》シリーズの一曲に《尾道の女》という歌がある。その歌に惹かれた私の〈尾道に行ってみたい〉という思いが実現したのは、私が弁護士になって二年目のことであった。

尾道の女に会えるきっかけとなったのは、豊田市の国道上で発生した交通事故による青年の死亡事故であった。「事務所の所長が顧問をしていた運送会社に事故の責任がある」と、亡くなった青年の両親が損害賠償を求めて地元の裁判所に訴えを提起したのだ。

弁護を依頼された運送会社の豊田営業所は、豊田市を通る国道に面しており、大型車が絶えず出入りしていた。たまたま営業所に入ろうとしていた車輌が、前がつかえていたため入りきれず、国道上に車輌後部を一メートル余り残して、しばらくの間、停車していた。警察官の作成した実況見分調書の図面によると、その後方からトラックが走ってきた訳だが、そのトラックを運転していた青年が、前方で停まっている車輛の後部に気付いたのは、現場に差し掛かった直前のことであった。慌てた青年が、この車輛との衝突を避けようとしてハンドルを切ったところ、道路のセンターラインを越え、逆方向から走ってきた対向車と正面衝突してしまった。さらに、倒れた車の上に後続のトレーラー車が乗り上げ、青年が死亡したという、痛ましい事故であった。対向車も大破したが、その運転手は奇跡的に、傷一つ負わなかった。青年の両親は、息子の不注意から招いた事故であるからと、最初はあきらめていた様子であったが、衝突された自動車の持ち主から自動車を破損された損害を請求された裁判で「対向車にも一割の過失があった」と認められたのを機に、対向車側と車を停車させていた運送会社を相手にして裁判を起こしたのであった。

一審の裁判は広島地方裁判所で行われ、車を停車させていた運送会社に対する請求は退けられ、対向車側には「損害の一割を負担するように」とする判決が言い渡された。亡くなった青年の不注意で、後部を残して停車している運送会社の車の発見が遅れた上、慌ててハンドルを逆方向に切り過ぎたため、対向車線上にはみ出したものと判断されたのであるが、対向車には事故を避け得る余地が全くなかった訳ではないとされた。この点は気の毒な感じもしたが、青年が亡くなっているのに対向車の持ち主が裁判まで起こしたことが、こういう結果を招いたといっていいだろう。対向車側の物損の九割より、亡くなった青年の損害の一割の方が、はるかに大きかったのである。

青年の両親は、運送会社に対する判決に対しては不満で、広島高等裁判所に控訴した。「交通量の多い国道に、車の後部をせり出した状態で放置したのが、むしろ事故の主な原因である」というのが、その理由であった。

高等裁判所において、両親側は、事故現場で道路脇に小型の乗用車を止め、その後方の車道に石灰らしきものをまいて、後方から走ってくる自動車の車輪に付いた白粉が路上に残していく跡を克明に写真に撮って裁判所に提出した。停車している小型車を避けて走行した車の何本もの白い痕跡は各々異なったカーブを描き、中にはセンターラインを越えているものもあった。写真を撮影した相手方の弁護士は、現場に立ち会っていた故人の父親を尋問し、交通頻繁な路上に車を止めておくことがどんなに危険であるかを強調した。

反対尋問で私が確かめたことは、写真に写っている車がその父親本人のものであること、現場で車を止めたままこれらの写真を撮るのに一時間余りを要したであろうということ、そして、その間、特に危険を感じたことはなかったのかという点であった。私は、これで相手方の主張に対しての反証としては十分であると判断したのである。

私はこの日、運送会社の東京本社に勤めるU君という、私より五～六歳年下の二〇代の若い社員と二人で広島に出向いていたのであるが、法廷が自分の思うように終わったこともあって、それぞれが東京に電話を入れて許可をもらい、広島から尾道に足を延ばすことにした。

夕方、尾道駅に降り立ったものの行くあてもなく、駅前の案内所に飛び込み、宿を紹介してもらうことにした。案内所の女性は、私たちをビジネスマンと読んだのであろう、駅に近い市街地にある木造二階建の旅館を紹介してくれた。

旅館では、一階の一番奥の庭に面した部屋に通してくれた。一風呂浴び、早速ビールで乾杯したが、何か物足りない。年老いた仲居さんさえ、ビールとつまみを置いたまま姿を見せない。追加のビールを取りに出向いたU君が足早に戻ってきて「廊下の向かい側の部屋に、バスガイドと思《おぼ》しき若い女性が入りましたよ」という。連れもいないらしいので、何とか部屋に誘って一緒に飲めないものかということになったが、知らない女性に声を掛けるのもはばかられる。U君は一生懸命考えた末、廊下から庭に出て池の鯉に餌をやりながらこれを捕まえるというゲームを考え出し、バスガイドが窓を開けるのを待つという作戦で、しまいには池に入ってまで鯉を追い掛け奇声を発したが、向こう側の窓はついぞ開かなかった。

私は、U君が足を洗いにもう一度風呂場に行く折に「芸者さんを呼んでもらえないか、帳場で頼んでみてよ」と言ってみたが、彼は部屋に帰ってくると「この町には芸者さんはいなくて、夜伽《よとぎ》しかいないんですって」と言う。私は「夜伽⁉ 夜伽なんて、とんでもないよ」と答えたものの、〈本当に夜伽と言ったのだろうか〉という疑問がわいてきた。トイレに行くふりをして帳場で確かめると、案の定「やとな」であった。バーに勤める女性などが、アルバイトで来る「やとわれ仲居」のことだという。そこで、一人お願いすることにした。

一〇分ほどして現れた女性は、私たちの期待を超え、着物の似合う美形であり、まだ三〇歳そこそこに見えた。しばらく私たちにお酌をしてくれたところで「一時間ほどしたら帰るので、よかったら、私がママをしているお店に飲みに来てください」と誘われた。旅館の「玉代」の方が高くつくというのである。芸者さんでもないのに玉代というのもおかしな話であるが、ともかく〈知らない土地で飲んだら、いくらボラれるか分からない〉という不安が、一瞬よぎった。

「二人で閉店まで三、〇〇〇円でいいわよ」と重ねて誘われ、私は「それでは、先払いにしておく」と言って三、〇〇〇円を支払い、箸の袋の裏にママの店の案内図を書いてもらった。「知らない土地で飲む時には、先に料金を払ってしまう方が、安心して飲める」という、私の父の持論を実行してみたのである。

一足先に部屋を出た女性を追って、私たちは「外出」と称して宿を出た。初めての道を案内図どおりにたどると、彼女の店は飲食店街の一角にあり、すぐに行き着いた。都会の店舗に比べればずっと広い店の中は、まだ真新しく整然としている。女性一人だけという点だけが不釣り合いであったが、カウンター越しの照明の下のママは一段とまばゆかった。「何にしますか」と言う声も、やとなの風情とは異なり、きりりとしていた。

私たちが少し慌ててウイスキーの水割りを注文した時に、タイミングよく入口のドアが開いて、ギターを抱えた流しが入って来た。私より二つ三つ上であろうか、細面で長身で都会風のいい男であったが、どこか暗いイメージを引きずっていた。私はそれを振り払うように、早速《尾道の女》をリクエストした。

男は、合唱団の一員のようなきっちりとした、それでいてかぼそい歌いぶりであった。どう聞いても北島三郎のようなこぶしは利《き》かせようもなく、流しのイメージとはおよそ程遠いのだが、独特の哀愁がこもってはいた。〈この男性の声にふさわしい得意な歌があるのでは〉と、私は二曲目に「何か好きな歌を歌ってくださいよ」と注文した。男がしばらく考えた末、前置きもなくギターを弾いて歌い出したのは、《伊豆逍遥歌》だった。

　よしや心のつれづれに
さすらい出し旅なれど

光降る野に立つ我の
　いぶく憂いのぬれしぶる

この歌は、中央大学の予科生であった村上道太郎により戦前に作詞・作曲されたものであり、今も同大学の愛唱歌として歌い継がれている寮歌とも言うべきものである。私は流しが歌い出した瞬間、はっとした。そして、この男性は間違いなく、私の母校、中央大学の出身であると確信した。震えるような気持ちでふとママを見ると、ママは目を閉じ顔を伏せるようにして、身じろぎもしないまま聞き入っている。流しなのに何も言わずに店に入って来たことといい、私たちに素知らぬ風に目配せしたことといい、二人が営業だけの関係でないことは察することができた。

歌が二番に入ろうとしている時だった。ドアが乱暴に開けられ、若いちんぴら風のアロハシャツの男がドカドカと店に入り込んで来て、ギターを止めた男に「誰に断って商売をやっているんだ」と大声ですごんだのである。流しの男は思わず後ずさりをする。私はとっさにちんぴらに声を掛けた。

「お兄さん、済みません。この人は私の大学の先輩で、私は東京から訪ねて来て、久しぶりなんで、一緒に大学時代の歌を歌っていたんです。商売なんかじゃないんで、勘弁してください」

「嘘ついてんじゃねーだろうな」

と、ちんぴらはすごんだ。私がこれを無視して、流しの男に、

「先輩、今度は《惜別の歌》をお願いします」

と言うと、男は黙ったままギターを弾き出した。有名な島崎藤村の詩の一部を言い換えて、中央大学の予科生だった藤江英輔が終戦の年に曲をつけたもので、後に歌手小林旭によってレコーディングされ、全国的にも歌われるようになった歌である。中央大学では学生のみならず卒業生も、会合等の終わりには欠かせぬほどであった。

　遠き別れに耐えかねて
この高楼《たかどの》にのぼるかな
悲しむなかれわが友よ
旅の衣を整えよ

私は流しの先輩と声を合わせ、二番三番……と歌い続けた。

君がさやけき目の色も
君くれないの唇も
君がみどりの黒髪も
またいつか見んこの別れ

〈どこまで歌ったら、このちんぴらは納得するだろうか〉という考えもいつしか消えて、私は歌にのめり込んでいった。ギターも、勝負するかのように音色を高めた。とうとういら立ったちんぴらは「今度だけは勘弁してやる。おれたちに挨拶なしに二度と現れるなよ」と捨てぜりふを吐いて、ドアをけ飛ばすように荒々しく出て行った。

自然と歌も消え、しばらく沈黙の後、流しの男は私たちに深々と頭を下げ、何も言わずに店を出て行った。私たちも早々に引き上げることにして、

「じゃ、これで……」

と立ちかけると、ママは慌てて、

「どうもありがとう。おかげで助かったわ」

と言い、旅館で先払いした三、〇〇〇円を返してよこした。

今も《惜別の歌》を歌う時〈あの先輩とママは、その後どうしているのだろうか〉と、他郷に思いをはせることがある。大学で声がかれるまで歌ったあの歌が、ピンチを救う縁《よすが》となったことも……。

内容証明郵便発送せず

秋の吉日、都心のホテルで、文さんのお嬢さんの結婚式が盛大にとり行われた。私も来賓の一人ということで招待を受け、列席させてもらった。きらびやかな披露宴の席で大勢の人たちのお祝いを受け、初めて見る文さんのタキシード姿はぴしっと決まっていて、今時の言葉を借りればチョーカッコよかった。媒酌人による新郎新婦の紹介を聞きながら、私は文さんとの出会いを思い起こしていた。

私が韓国籍の文さんを共通の友人から紹介されたのは三〇年以上も前で、文さんは三〇歳そこそこ、私は三〇代後半であった。文さんが初めて喫茶店を経営するので「何かあったら、相談に乗ってください」というのが初対面での挨拶であったが、なぜか気が合って、仕事を離れて一緒に飲んだり、ハモンドオルガンのあるスナックで流行歌を歌ったり、という付き合いの方が多かった。

初めの頃の文さんは、スナックにキープしたウイスキーボトルに「文本《ふみもと》」とフェルトペンでサインしていた。それがあるとき、「ようやく自信を持って『文』と書けるようになりましたよ」と、嬉しそうに話してくれたことがある。あれはお嬢さんが生まれた頃のことだったであろうか。

その文さんのお義父さんが亡くなられてしばらくした頃、いつもは穏やかな文さんが、珍しく血相を変えて私の事務所に現れた。

奥さんのお父さんはゴルフ好きで、元気な頃は仕事の合間に、自分が会員になっていたあるゴルフ場に文さんを誘っては、プレーを楽しんでいたそうである。そのお義父さんが亡くなった際「会員権を文氏に遺贈する」という遺言書が発見された。文さんは喪が明けるとゴルフ場を訪ね、会員権の名義の変更を申し出た。すると「会員の資格は原始会員を除いて、原則として日本国籍を持っている人以外は認められていないので、文さんへの名義変更は気の毒ですができません」と言われた、というのである。

「ゴルフ場の規約がおかしいのではないか」と息巻く文さんに、私は一緒になって憤慨し「憲法そのものに直接違反するというには問題があるかもしれないが、『国籍によって差別することは、法の下の平等の趣旨に反するのではないか』と主張して、是正を求めよう。それには、まず内容証明郵便を送って、名義の書き換えに応じるよう、要求してみませんか」と意気込んだ。すると文さんは逆に落ち着きを取り戻し「もう少し、自分で頼み込んでみたい。たとえ裁判で勝ってそのゴルフ場に行ったとしても、周りが気になってゴルフを楽しむことなど到底できないだろうから、何としても、気持ちよく納得してもらった上で会員になりたいのです」と言う。そして「自分でできるところまで折衝してみて、どうしても駄目なら、あらためてお願いに来ますよ」と言って帰った。

それから半年ぐらいたったであろうか。

「おかげ様で、ゴルフ場の会員になることができました」

と、文さんが晴れやかな笑顔で再び事務所に現れた。彼は、ゴルフ場の理事長に宛てて、私の言った内容証明の代わりに、自分の心情をありのままに書いた長い手紙を出したという。

文さんのお父さんは、戦前韓国から日本に渡ってきて、苦労を重ねながら文さんらを育て上げたが、常日頃子供たちに言っていたことは「どんなことを言われても、怒ったりけんかをしたりしてはいけない。自分の気持ちを分かってもらえるよう一生懸命努力すれば、仲良くできる」ということだったそうである。文さんはそれを肝に銘じ、自分で学費を稼ぎながら大学を卒業すると、実業家になることを志して飲食業に身を投じ、四〇歳そこそこで数店舗の喫茶店や居酒屋、さらに小さくはあるがホテルまで経営するに至ったのである。

彼は手紙で「私は日本で生まれ、皆さんと同じ学校で学び、それなりの努力をし、現在は人並みの税金も納めることができるまでになりました。父の時代とは異なり、私は幸い、国籍が違うということだけで差別を受けたこともありませんでした。私は今までどおり日本で生活し、働いていくことを変えるつもりはありませんが、苦労して私を育て上げてくれた両親から受け継いだ国籍を変える考えもありません。また、私と妻とで築き上げた家族の幸を願い、私に貴ゴルフクラブでゴルフの楽しさを教えてくれた義父の心情を、私はどうしても受け継ぎたいのです。貴ゴルフクラブでゴルフをするたびに、義父を偲《しの》ぶこともできるでしょう。どうか私の気持ちをご理解くださるようお願い致します」と訴えたという。

何の反応もないまま三カ月ほどが経過したある日のこと、文さんが友人と一緒にくだんのゴルフ場に出掛け、クラブで食事をしていたところ、隣席に居合わせたゴルフクラブの理事と名乗る人物から「今度、一緒にゴルフをしませんか」と誘われ、数日後に同行することになった。ハーフを終了したところで、その理事は「先日、理事長から話を伺いましたよ。よく我慢されましたね。私など、とても真似できません」と言い「黙っていて申し訳なかったが、今日は入会のためのマナーのテストをさせていただいたのです」と打ち明

けられたという。

こうして文さんは、念願だったゴルフ場の会員となることができたのであった。

お嬢さんの披露宴の司会は「有名な俳優が買って出てくれた」と文さんは自慢していたが、彼もゴルフで知り合った仲間の一人だと紹介された。

私はこの件以来、内容証明郵便を書く場面に出くわすと、通り一遍の文面ではなく、〈この手紙で事件を解決する糸口になれば〉という思いで書くことを心掛けるようになった。少なくとも「弁護士が依頼を受けて内容証明郵便を出したことが、〝一層紛糾する原因となった〟ということのないように」という教訓を、文さんの一件は、今でも教えてくれているのである。

文さんの手紙に習って

――「内容証明郵便発送せず」の効用

前略

突然お手紙を差し上げますことをお許しください。

私は弁護士をしている者ですが、私が社長と懇意にさせていただいております会社に勤務している後藤英一君より相談を受け、この手紙を書かせていただきました。実は、後藤君の父君である英作氏が去る九月二〇日亡くなられ、私はその相続のことで相談を受けました。

後藤君は母親の恵子さんと二人で、長年病に臥《ふ》せていたお父さんの世話をしてきたのですが、お父さんが亡くなられ、自宅を恵子さんの名義に変えようと手続きを進めていると、彼には、お母さんを異にするお姉さんがおられることが分かりました。お父さんが再婚であることは、ご本人から母子とも聞かされていたようですが、あなたというお姉さんがおられたことは、知らされていなかったそうです。

お父さんは、あなたが幼い頃あなたのお母さんと離婚し、単身上京された後再婚されたのですが、お父さんのその後の生活は、あなたもまたご存知なかったかもしれません。あなたもさぞ驚かれたことと存じますが、お父さんの亡くなられたことにつきまして、遅ればせながら心からお悔み申し上げます。

ところで、英一君母子はあなたにご連絡する術《すべ》もなく四九日の法要を済ませました。その後相談を受けた私が、あなたの住所を調べさせていただいた次第です。

さて、改めて申し上げるまでもありませんが、お父さんの相続につきましては、英一君母子とあなたの三人が相続人ということになりますので、お父さんの残された遺産の大小に拘わらず、相続財産について協議をする必要があります。そこで、あなた方の相続財産について調査をさせていただきました上で、勝手ですが私なりの考えを申し上げ、あなたのお考えをお尋ね致したく、この手紙を差し上げる次第です。

一、まず、ご承知とは思いますが、お父さんの相続人としての相続分は、妻である恵子さんが二分の一、あなたと英一君の相続分が四分の一ずつということになります。
二、相続財産としまして、現在明らかなものは次のとおりです。

（一）不動産として○○区にある自宅土地・建物
（番地・面積などは同封の登記簿謄本をご覧ください）
この不動産の評価額は、税務事務所の課税台帳による証明書によれば、
土地　九、三〇〇、〇〇〇円
建物　二、一五〇、〇〇〇円
合計　一一、四五〇、〇〇〇円
であり、この金額は現在の時価にほぼ見合うものと考えられます。
なお、換金のため処分することになれば、売却手数料、税金などの分が減額されることになるでしょう。
（二）預貯金として貯金五口合計　金　四、三〇〇、〇〇〇円
（預金証書の写しを同封します）
（三）家財道具（日用品）一式　五〇〇、〇〇〇円
以上総計　金　一六、二五〇、〇〇〇円
三、他方、相続財産より差し引かれるものとして、お父さんの
入院治療費　金　九五〇、〇〇〇円
葬儀費用　金　三、七〇〇、〇〇〇円

合計　金　四、六五〇、〇〇〇円

なお、このほか、相続人の中で特にお父さんの財産作りなどに協力した方や、看護に当たった人の寄与分なども考えられます。

四、また、相続人の皆さんの間で話し合いがつかない場合には、家庭裁判所の調停でお願いするほかありませんが、以上の内容では裁判所に持ち出すことでもないと思われます。いずれにしましても、英一君母子としては、今まで生活してきた自宅を手放すわけにはいきません。

そこで、私の考え方としましては、お話し合いで解決するとすれば、二の相続財産の総計金一、六二五万円を前提とし、三の入院治療費及び葬儀費用合計四六五万円を差し引いた上、その四分の一に当たる現金（二九〇万円となります）を英一君からあなたに提供させていただくということで円満に解決できないものかと、英一君母子には話をしております。

なお、ほかに財産が発見されれば、その都度、法定相続分の割合で分配することとなります。

五、以上の点につきまして、基本的にご同意を得られるということであれば、私の方で英一君母子のご承諾を得た上で、書類等を準備の上、実行に移らせていただこうと思いますので、あなたのお考えをお手紙などで（電話でも結構です）お聞かせ願いたいと思います。

なお、疑問の点があれば、私宛お尋ねください。

また、あなたの居住地でも、弁護士などの無料法律相談が行われていると存じますので、この手紙を見せてご相談いただくのもよろしいかと思います。

用件のみで失礼致します。

草々

一週間くらいして、英一君のお姉さんから私の事務所宛に電話が入った。
「お手紙ありがとうございました。私も母一人子一人で苦労しました。ようやく結婚して落ち着いたのも束《つか》の間、父に似たのか病弱で医者通いの身です。せめて少し上乗せしていただいて三〇〇万円にしていただけませんか。父が私に治療費を遺《のこ》してくれたものと思い、感謝します」
私は早速、遺産分割の協議書と自宅の相続登記に必要な書類や銀行預金の払い戻しに使用する書類などを揃え、英一君に持たせることにし、あわせて預金が戻り次第、姉さんの預金口座に三〇〇〇万円振り込むことを約束する書面を持たせ、初めて会う姉さんの元に伺わせた。

こうして、この事件は一通の手紙で解決することができた。

文さんの内容証明によらない手紙の効用があらたかであるという証明である。

赤坂の「鳶《とび》の頭」の心意気

バブル時代のビル建築ラッシュが始まる頃の話である。赤坂の一ツ木通りに面して広い土地を所有する大地主がいた。所有地の大半の部分にはかなり前から自社ビルを建てており、そろそろ改築の時期を迎えていた。

ところが、その土地の一角、五〇坪くらいの所に借地人がおり、木造の二階建ての建物で接骨院を営んでいた。さて、その大地主はというと、八〇歳前後の女性で〈接骨院を立ち退かせ、土地全体を利用して形の良いビルを建設したい〉と考えていたが、立ち退きの申し入れを受けた接骨師（柔道整復師）は「この地を借りて三〇数年営業してきて、顧客も固定しているのだから」と、応じなかった。地主は業を煮やし残りの土地を空き地にした上、最初から貸地部分に増築する予定の建物を設計して建て始めると同時に、借地人に対して「建物を収去して土地を明け渡せ」と裁判を起こしてきたのである。

「無茶な話でしょう。断固、抗戦です」

と、戦中派の接骨師は、私に弁護を依頼する際にも語気を荒立てていた。

地主側の弁護士は、貸地の明け渡しは簡単にはいかないことを重々承知の上ではあるが、

「何しろ、言い出したら耳も貸さない方でしてね」

と、つまらぬ洒落《しゃれ》を言っている。

和解を勧める裁判官は、

「赤坂の目抜き通りで築三〇年からの木造建築では、いずれ建て直さなければならないでしょう。もらうものをもらうことにして、近くでいい物件を探したらどうですか」

と、不動産屋のようなことを言う。

そうこうするうち、当初は断固拒否だった借地人が、ビルラッシュのおかげで態度を一変した。すぐ二、三軒先にビルの建築が始まり、入居の条件などが耳に入ると「立ち退き料次第では、近くに移転するのも悪くない」と、私に言い出したのである。

そこで、作戦は断固抗戦から和戦両用の構えに切り換えることになった。相手側も〈判決で明け渡しを認めてもらうためには、明け渡し料を条件としない訳にはいかない〉と読んでいる。まず、問題となっている土地の更地価額を鑑定し、借地権の価額を割り出すことになった。「当方としては、これに営業補償と移転料を加算してもらいたい」と綱引き

をした結果、和解が成立した。

接骨師が予定した移転先のビルの完成が四カ月後ぐらいということなので、念のため明け渡しの期限を六カ月後としてもらい、その結果、建物を取り壊し更地にして返還する時期は、その年の一二月二八日となった。そして、移転のための保証金や内装など、費用が必要であるから、和解と同時に立ち退き料の大半をもらうことを条件とし、さらに残金一、〇〇〇万円は、一二月二八日までに建物が収去されたことを確認して支払うものとされた。しかし、これには地主側の要望で「万一この日時に明け渡しが遅れた場合には、残金一、〇〇〇万円は支払わなくてよい」というペナルティーが付けられた。その間に、接骨院は予定どおり完成した目と鼻の先のビルの二階に移転し、一二月初めに開業の運びとなった。

旧建物の取り壊しが完了した報告を私が接骨師から受けたのは、一二月二七日の夜のことであった。私は〈何もかもうまくいった〉と安心した。

二八日は仕事納めでもあったから、地主の弁護士に朝早く連絡を入れると「本人に伝えておきますから、地主から直接残金を受け取ってください」とのことだった。そこで私は、午後早々に、取りあえず現場で地主と待ち合わせることを約束した。

空き地となった現場に駆け付けると、地主は先に来ていたが、私を見るや否や、

「玄関跡のコンクリートが、まだ残っているわよ」

と言った。確かに、建物の入口辺りだった所に、たたみ半畳ほどのコンクリート片が残されている。玄関の上がり台の下にでも使われていたのであろうか。私が「地主がビルを増築する際には、改めて土砂を掘り起こすのだろうから、このくらい、いいではないか」と言おうとした矢先、地主は、

「片付いたら、電話をちょうだい」

と言って、振り向きもせず去ってしまった。

私は新しい接骨院を訪ね、そこでは院長と呼ばれている依頼者に、地主とのやりとりを伝えた。しかし、院長は患者の診療に終始しながら「それくらいのこと、地主の方がおかしいよ」と、取り合わない。やむなく、家屋を解体した業者の電話番号を聞き出して連絡をとったが、年内は忙しく、今日も別の現場に出ているということで、さっぱり埒《らち》が明かない。

現場に戻った私は、コンクリート片を自分で持ち上げてみようとしたが、びくともしない。〈コンクリートを砕くしかない〉と考え、周囲を見渡してみたが、そんな道具になるものなど見当たる訳もない。今日一杯が、和解で決めた期限である。〈これだけで一、〇〇〇万円を地主に没収されるはずもない〉とは考えられるものの、このコンクリートを取り

除かない限り、へそを曲げている地主から今日中に一、〇〇〇万円を受け取ることができないのは、ほぼ間違いないであろう。〈誰か応援を頼まなければ〉と思うが、年の瀬に手伝ってくれそうな人は、さすがに思い浮かばない。

しばらく呆然《ぼうぜん》としていた私の目に映ったのは、二〇〜三〇メートル先の路上に葦簾《よしず》で小屋掛けをして七五三縄《しめなわ》や松飾りなどを売っている店であった。このような店は大抵、年末になると地元の鳶の頭などが、火消の印半纏《しるしばんてん》をまとって縁起ものを商っていることが多く、下町にいた私は子供の頃からよく目にしていたものである。私はとっさに跳んで行って店頭の松飾りの周辺を見回すと、臨時の店作りに使ったと思われるスコップや鶴嘴《つるはし》が、小屋の隅に置かれている。そして店の中央には、手拭を鉢巻にして印半纏をまとった頭が煙草《たばこ》を燻《くゆ》らしていた。

私は名刺を渡し、自己紹介もそこそこに「年末の忙しい盛りに申し訳ないが……」と地主とのやりとりを話し、鶴嘴とスコップを貸してほしいと頼み込んだ。親方は、私のおそるおそるの申し入れに、

「分かったよ。空いているから持って行きな」

と、二つ返事で承諾してくれた。

明け渡し現場に引き返した私は、いきなりコンクリートに鶴嘴を振るったが、思い切り

はじかれてしまった。「これは少しずつ穴をあけるしかないな。まだ夜まで五、六時間あるから、何とかなるだろう」と独り言を言いながら、コツンコツンとコンクリートをたたき出した。私が背を向けた一ツ木通りを足早に行き交う人たちは、かばんとスーツを脇に置き、ネクタイ姿のサラリーマン風の男が鶴嘴を振るっている姿を、異様に感じたに違いない。

コンクリートにやっと少しひびが入った頃、頭が様子を見にきてくれた。「壊せた分は、これに入れな。うちで捨てておくから」と、手に一輪車を押している。店先に松の枝をうず高く積んでいた車である。そして、

「あんたの心意気に感じたから手は出さねぇが、無理なら声を掛けな」

と言い残して戻っていった。風を切る半纏の背中が、やけに大きく見えた。

私は頭に勇気付けられると力も強くなったような気がして、決して負け惜しみではなく、だんだん自分がやっていることが楽しくなってきた。やがてコンクリートが二つに割れた頃から、慣れてきたせいもあり、こぶし大の破片が二つ三つと一輪車の中に入れられるようになった。「五つ、六つ……」と子供が風呂の中で数を数えているように、破片は少しずつ増えていった。

一、二時間経過したであろうか、年末の日も暮れかかり、ぽつぽつ街灯がつく頃となっ

た。後方に立ち止まっている人の気配を感じ、振り返ると大地主のおばあさんである。いつ戻って来たのであろうか。

「店子《たなこ》のツラは見たくもないがね。あんたには負けたよ。もうそのままでいい。お金を払うから付いていらっしゃい」

ぴしっと言って、先に歩き出した。

大地主の自宅は、赤坂の繁華街から青山方向に路地を入った閑静な住宅街の中で、しかも一段と小高い所にあった。門の両脇には大きな門松が飾られていた。応接間に通されると端正な庭が目の前に広がり、その先には滝が流れ落ちていた。

「いじわるばあさんだと思っただろうね。あなたがどんな態度に出るか、試してみたかったの。これから、うちの顧問弁護士になってもらえないかしら」

私は、まだ弁護士事務所の駆け出しの居候（イソ弁）の身であることを口実に、丁重にお断りをした上、一、〇〇〇万円の銀行小切手を受け取り、豪邸を後にした。

その足で接骨院に小切手を届けた後、現場に戻って、一輪車の上のコンクリート片を更地の角に下ろして並べてから、鶴嘴とスコップを乗せて親方の店へ行き、親方のおかげで仕事が無事済んだことを感謝した。

「どうお礼したらよいものか」

と言う私に、親方は、
「俺は道具は貸したけれど、手は貸してねぇよ」
と言うだけだった。
　私は店で、テレビの上に飾れるような小さな松かざりと鏡餅、それに玄関先や自転車のハンドルに飾る裏白などを、「せめてものお礼の気持ちに」と買わせてもらい、すっかり明かりがともり、人々が繰り出して来た年の瀬の赤坂を後にした。もう私には、先に正月が来た気分だった。

三〇〇万円の行方

昭和五〇年頃、私が顧問をしていた会社の社長と、営業社員との間にトラブルが生じたことがある。社長は「社員が二、〇〇〇万円を横領した」と言い、社員は「取引先で焦げ付き、相手が逃げてしまったため回収できなかったまでのことで、自分が使ってしまった訳ではない」と弁解する。「告訴してください」と言う社長を、私は「今まで信用してきたのだから、最後まで信用してはどうですか」と説得したものの、社員は「自分に顧客を見る目がなかったばかりに迷惑をかけたのは事実だから、いずれお返しします」と言って、退社していった。

そして消息さえ絶って五年目のこと、この社員がひょっこり私の事務所に現れた。「自分の事業を成功させることができたので」と現金二、〇〇〇万円を差し出し「これを社長に渡してください」と言う。

その日の夜、半信半疑でお金を受け取った社長は「考えてもいなかったお金が戻ったのは、先生のおかげだから」と、あらためて三〇〇万円を私に差し出した。しかし、私は預かったお金を届けただけで、これだけの謝礼をもらう訳にはいかない。押し問答の末、私はこの三〇〇万円を〈元社員に返してやろう〉と考えた。そこで当人に事情を話して渡そうとしたものの、受領を拒まれ、逆に「何か使い道を考えたらどうですか」と言われてしまった。

考えた末、私は両方の了解を得て「点字印字装置」を購入する資金の一部に当てさせてもらうことにした。

当時、私の妻は点訳に夢中だった。私がスモン訴訟に関与していた頃のこと、薬で失明した患者からもらった点字の手紙を読むことができず困惑していた時に、たまたま妻が「点訳者が少なくて困っている」という新聞記事を目にして、点字ボランティアの会員になったのが契機であった。それ以来、妻は点訳した用紙を持って、週一回、高田馬場の点字図書館に通う日々が続いた。この点字図書館を拠点とする点字サークルに通ってくる視覚障害者には学生が多かったようで、大学受験希望者も含まれていた。視覚障害者で初めて国立大学に合格した受験生のケースでは、一冊の参考書の点訳を五、六人の人たちが分担して短期間で仕上げ、何とか受験に間に合わせたという。

夫が弁護士だからといって妻が法律を知る訳ではないのだが、妻が点訳を依頼されるのはなぜか法律書が多く、教科書もあれば単行本もある。読み方（発音）を間違えるのは致命的なので、法律用語は私に確認するが、引用されている固有名詞などで困ることがあると、著者に電話で問い合わせることも少なくなかったようだ。妻の経験によれば、家裁の書記官などが一番親切で、弁護士は態度が大きいらしい。おそらくセールスなどと間違えられたのであろうが、変わり身の早いのも弁護士だという。一、二の例で「あなたの場合もそうでしょう？」と詰問されたのは、まことに心外であった。

ところで、点字タイプライターにはカニタイプと製版キータイプの二機種がある。いずれも、両手三本ずつの指で六個のキーを打つ極めて簡易なものである。しかし市場性がないため手作りであり、製作者も少ないので、注文してから手元に届くまでに半年もかかる。六個のキーで一字一字打ち込んでいくのは、見ているだけでも肩が張る。まして誤字の訂正となると、打ち抜かれた穴を一個ずつ押しつぶしてのりをつけ、用紙を元に戻してまた打つ、という作業である。Ａ４一頁の印刷文を点訳すると点字用紙で五～六頁にもなり、熟練者でも約一時間を要する。こうして出来上がったものは、一冊の本で本箱一段分にもなるのである。しかも、視覚障害者が指先で何回も読み取るうちに、点字の穴は摩滅してしまう。

ある夜のこと、納入時間が迫り、夜遅くまでカニタイプを打っている妻を横目に「熱心なのはいいが、ワープロのように能率的に打てないものか」、「打ったものをコピーできないのか」、「摩滅しないように保存できないのか」、「ボランティアの人たちで根本的に考えたらどうか」などと私が質問したところ「あなたが考えてくださいよ」と逆襲される羽目になった。

コンピューター関係会社のA社長に相談すると「そう難しいとは思われないから、研究してみましょう」と言ってくれた。ところが間もなく、私の希望するような機械は「すでに松下電器産業で開発されている」との連絡があった。そこで、A社長と私と妻とで同社の綱島工場まで見学に出向いたところ、機能的に私の想像した以上の機械であった。

この機械は、正式には「点字教材作成装置」と呼ばれている。通産省（当時）の開発委託を受けて盲学校用に開発されたものであり、この時点ではまだ数台しか実用に供されていないということであった。点字での入力・保存はもとより、点字からカナ文字、カナ文字から点字への翻訳機能もあり、迅速な複製も可能である。〈カナ文字さえ読めれば点字が打てるのだから、小学生でもできるのではないか〉と勢い込んだが、開発初期の価額で一台七五〇〇万円ほどと知り、断念せざるを得なかった。

ところが、思いもかけず三〇〇〇万円の資金ができたことで、私はこの「点字印字装置」

購入という夢を実現させることになった。もっとも、不足分の大半は、結局、三〇〇万円を拠出してくれた社長と元社員が追加してくれることになったのだが。

このようにして手に入れた装置であったが、かなりのスペースを必要とするし、視覚障害者も利用するとなると、出入りに便利な場所が必要ということで、一時は新宿のNSビルにあるコンピューター会社の一隅に置かせてもらっていた。やはり複写機能と保存機能が最も便利だったらしく、視覚障害者自身も含め、他のボランティアの人たちの利用には大いに役立ったことから、この装置を中心としたボランティアの会も結成された。やがて、故あってこの場所から装置を移動させなければならなくなったのを機に、装置の管理をボランティアの会員たちに委ねることになった。時折送られてくる会報によれば、この装置は教会の片隅や神社の一角に置かれるなど、文字どおり独り歩きをしているようであった。

妻は「そこまで通うのは大変だから」と、相変わらず手持ちの古いカニタイプを使っていた。

八五歳の青春

「ご無沙汰しております。先生にお世話になって、父が経営していた会社をいい時期に清算してもらってから一〇年目になり、父も八五歳になりました。五年前に母が亡くなるまでは、両親は私の購入したマンションで悠々自適の生活を送っておりました。ところが、母が亡くなってからの父は、年のせいもあるのでしょうが、足腰が弱くなり、部屋の中で転んだりして近所の病院に通うということが多くなりました。何しろ今時の病院といったら、通院患者は年寄りばかりらしく、そのうち顔見知りが多くなり、何人かのおばあさんが父の所に遊びにくるようになりました。先生もご存知のように、父は下町生まれで気風《きっぷ》がよく、息子の私が言うのも何ですが、年をとったとはいえ、あのとおりハンサムですから『今でも結構、昔の娘さんにもてるんだね』と女房と笑っているうちはよかったんですが、最近になって、父のヘソクリが随分なくなってしまっていることが分かったんです」。

話のご本尊である渡辺雄太郎さん（仮名）は、親の代からメッキ業を営んでいたが、雄太郎さんの代で工場の機械化をすすめ、一時は手広く事業を営んでいた。しかし、下町にマンションが建ち並ぶようになると、工場からの廃液などが環境問題の対象とされ、息子たちもサラリーマンとなってしまったため、会社を閉じることにしたのが一〇年前のことだった。その際、広い工場敷地を売却した代金の大半が、株主であった雄太郎さんに還元された。その息子からの相談である。

「父は昔と同じように、お金を全部自分の金庫に入れております。私の妹が家政婦さん代わりに、毎日のように洗濯や食事の世話に訪ねています。親子のことですから、父は自分の金庫を妹に開けさせたり、お金を出して買物などを頼んだりしているのです。そりゃ父のお金ですから、私たちがとやかく言うことではないのですが、一年前には一億円ほどあったお金が、半分くらいに減っているというのです」。

驚いた兄と妹は、あらためて父親に確かめることにした。父の身の回りの世話が自分たちでできなくなったら、老人ホームに入所させなければならないであろう。「その時の費用ぐらいは、残しておいてもらわなければ」と話したが、父親は「お前たちの世話にはならない。自分の金をどう使おうと、自分の勝手だろう」と、頑として聞かないという。

「父は最近頻繁に訪ねてくる女性にだまされているので、その女性に手切れ金を支払って、マンションに来ないよう、話をつけてほしいのです。それが駄目であれば、父が自由にお金を使えないような手段はとれないものでしょうか」

と、息子は言うのである。私は、

「どちらも難しいことですが、私も知らない仲ではないので、とにかくお父さんに会って、お金を何に使ったのか、これからどうするつもりなのかを聞いてみましょう」

と約束した。

一〇年ぶりに再会した雄太郎さんは、マンションの室内を伝い歩きする感じではあったが、端正な面立ちは相変わらずであった。彼は、年下の私の質問に隠すこともせず「彼女の名前は〇〇梅子という」、「年齢は六五歳で、生け花の師匠をしている」、「彼女が自分の家を改築したいと言うので、二、〇〇〇万円ほど都合した」などと、ぽつりぽつりと答えてくれた。

「あなたが『動けなくなっても、子供たちの世話になりたくない』と言うのであれば、なおのこと、老人ホームへ入居できるためのお金ぐらい、残しておくことが必要でしょう。これから先のことを、どうお考えですか」

と私が聞くと「彼女と結婚して、彼女に面倒を見てもらいたい」と言う。

「しかし、結婚となれば、相手の気持ちもあること。彼女は、あなたとの結婚を望んでいるんですか」

と私。すると、

「まだ聞いていない。だけど、私が『結婚する』と言えば、承知すると思うよ。なんだったら、あんたから聞いてくれ」

と言われてしまった。

私は、雄太郎さんに、改めて彼女と会わせてもらうことにして、三日後自分より少し年上の彼女と面談した。そして、雄太郎さんとのかかわりや、息子から相談を受けた経緯に触れた後、

「雄太郎さんは、息子さんたちの気持ちとは反対に、あなたと結婚したいと言っているんですが、あなたはどうお考えですか」

と単刀直入に切り出した。すると、彼女はしばらくした後、

「私は、籍を入れることはできませんのよ」

と言う。〈やはり、息子さんたちの言うとおり、お金が目当てなのか〉という思いが、一瞬私の頭をよぎった。しかし、「どうしてですか」という質問には、

「私は家付き娘でしてね。五人姉妹の一番上で、妹たちがみんな結婚して家を出て行って

しまった後、両親の面倒を見ているうちに婚期を逸しちゃって。両親が亡くなった今は、私だけが両親の姓を継いでいるので、『〇〇』の姓をなくすわけにはいかないんですよ」

と、予想もしない答えが返ってきた。

「それでは、雄太郎さんが、あなたの籍に入れば」

と、私。

「息子さんたちが承知するでしょうかね。それに私も、今更結婚でもないんで、妹たちの考えを聞いてみないと」

と、彼女。そこで、各々の身内の意見を確かめることになった。

私は早速、息子兄妹に彼女とのやりとりを報告し「相手が了解したら、結婚させてはどうか」と勧めた。一八〇度の方針転換に、二人とも戸惑いを隠さず、

「結婚しても、お金が全部なくなってから放り出されるようなことになれば、親は親、自分たちが世話をしなければならないでしょう。結局、お金はなくなってしまうし、親の世話はしなければならなくなるに違いありません」

と言う。私は、

「確かにそういうことも考えられますが、結婚しなくても、今の状況ならお父さんの持ち金はどんどん目減りするでしょうし、家政婦さんを雇ったり老人施設に入所させても、お

金はかかる。むしろ、結婚したら、残っているお金で堅実にやっていくことも考えられるのではないでしょうか。かえって、残っているお金でやっていくためにも、全部お父さんに持たせて、彼女のもとに行かせては」と、説得する羽目になった。

一方、彼女の妹たちは「世話になった姉さんが『結婚する』というのであれば」と、みんな賛成してくれたという。

そこで、彼女と雄太郎さんの息子の顔合わせということになったところ、彼女は「私にも多少の貯えがあるので、雄太郎さんのお金は当てにしません。家の改築費を貸してもらったおかげで、家も家財道具も十分なので、身体だけで来てほしい」と言ったのである。

こうしてめでたく、八五歳と六五歳の熟年結婚が実現した。媒酌人（私）が還暦を過ぎたばかりの、夏の暑い盛りのことであった。

けんか説法

高校生だった頃、アルバイト先の従業員の人たちと隅田公園で花見の宴を張ったことがある。私は未成年なので酒も呑めず、裏方をしていた。

当時は酒を飲むと誰彼となく泥酔して倒れていたり、隣の宴会に乱入したりすることが珍しくなかった。火事とけんかは江戸の華と、いきがる兄さんも少なくなかった時代である。酒が入り隣の席によろめこうものなら、待ってましたとばかりにけんかが始まる。

そんな花見の宴で、会社の先輩が隣り合わせで花見酒を飲んでいた連中に殴りかかるのを見て、慌てて止めに入ったところ、私はその相手方から後頭部をしこたまたたかれた。居合わせた者が気を利《き》かせて「お巡りさんが来たよ」と大声を張り上げたのをきっかけに、何とか納まった後、私はけんかのやり方について、元凶の先輩からこんこんと説教を受けてしまった。曰《いわ》く「けんかのときに味方を止める奴があるか。止めに入るときには、相手を押さえろ。その間に、こちらは相手を殴ることができる」。曰く「多勢に無勢でかなわないときは、味方をたたけ。『お前が悪い、さあ謝れ』と言いながら、思いっきり頬をたたけ。なあに、平手なら、いい音がしても怪我はしない。相手がびっくりして力が抜ける。それで大概納まる」。

私がお世話になったボス弁の事務所から独立した頃、スモン訴訟で同じ弁護団に加わっていた弁護士と一緒に事務所を構えていたが、たまたま、二人でこのけんかのやり方を実践する羽目に陥ったことがある。

平手打ち――その一

あるサラリーマンの妻が、実家の兄から借金の保証を頼まれ、夫に内証で自宅の権利証を持ち出し、兄がサラ金業者からの借金の担保に差し入れてしまった。兄は返済の期限が来ても支払いができなかったため、サラ金業者の取り立てがサラリーマン宅に来て、夫は初めて事情を知った。しかし、義兄や自分の妻から泣きつかれた夫は「二カ月後には返済できるから」という義兄の話を信用して、サラ金業者に対し、自宅を担保に入れることをあらためて了承してしまう。抜け目がない業者は、その際に「二度目の期限が来ても返済できない場合には、担保に入れた自宅の土地・建物の名義を業者に移転できる」ということを約束させ、名義の移転に必要な書類を事前に取ってしまった。

義兄は結局、その二カ月後にも返済できなかったため、妹夫婦の自宅の名義は、業者に変えられてしまった。その上で、業者は「家は自分のものになったのだから、空けろ」と迫ってきたのである。

この段階になって、妹夫婦は、知人に伴われて私たちの事務所を訪ねてきた。妹夫婦は「自宅を処分すれば借金の数倍くらいには売れるので、売却して兄の借金を返済し、残りのお金で、小さくてもいいから郊外に家を確保したい」と言う。そして知人は「サラ金業者に話をつけてもらえれば、私が買い取るつもりだ。返済分の額は、すぐにでも手付金として支払う」とのこと。両者の間では不動産業者が仲介に入り、代金額も決めているということ。

私はその知人に、サラ金業者から不動産を取り戻すことができる場合には、売買代金の内金に充てるということで「手付金分を私に預けてもらえれば、業者と折衝してみましょう」と言って、同僚の弁護士と業者の所に乗り込んだ。

「借主本人が返済期限を経過してしまったのは申し訳ないが、元本に約束の遅延利息をつけて返済するので、不動産を返してやってほしい」と訪問の趣旨を告げたところ、業者は「約束に従って私のものになったのだから、返す必要はない」と強面で言う。私が「お金を貸し、返してもらうのがあなたの商売で、不動産を取るのが目的ではないでしょう」と言っても、業者は同じ言い分の繰り返しである。そこで今度は同僚が「本人が名義を変えたといっても、それは担保の目的であって、借り入れた金額で最終的に自宅を移転してしまうという考えではないでしょう。もし契約でそのようになるというのであれば、貸し付けた金額の数倍もする物件を貸金の代わりに取ってしまうのは、公序良俗にも反して無効ではありませんか。その上、あなたの受け取った利息や遅延金は高額で、利息制限法にも反しています」と、理論を展開する。

業者の顔色が次第に変わっていき、顳顬《こめかみ》がぴくぴく痙攣《けいれん》するのが分かる。しかし〈相手は弁護士だから、理論武装しなければならない〉とでも思ったのか「私もこういう仕事をしているから、私なりに法律の勉強をしている」と言って、傍らにある書棚から一冊の本を取り出して見せた。

それを見て、私の方が驚いた。何とそれは、私がイソ弁時代にいた事務所のボス弁の監修のもとで、若い弁護士たちが中心となって出版した『家庭法律大百科（永岡書店）』という法律相談のQ&Aであった。あまりの偶然に、私は内心〈しめた〉と思ったが、しごく当然という顔で「この本は私も執筆しているので、名前を確認してください」と言った。同僚弁護士が得たりや応と「私は、間違ったことは言っていないつもりです」と切り込む。

そして、業者が〈もう話を聞くのは限界だ〉とばかりに立ち上がろうとした瞬間、私は同僚に対し、

「私たちはけんかをしに来たのではない。お願いに来たのだから、理屈を言うのはもう止めなさい」

と止めに入った。その瞬間、業者が私に〈何とかしてくれ〉という素振りを見せたので、私はすかさず、

「どうでしょう。もう一カ月だけ、私たちに時間をくれませんか。一カ月以内に今度こそ、元本と利息制限法で許される最大限の利息の支払いをさせる。もしまた不履行をしたら、私たちもあきらめて手を引く、ということで」

と切り出した。すると業者は「一カ月は待てない。半月だけなら待ってやる」と、渋々応じたのである。私たちは直ちにその場で、このやりとりをまとめた契約書を取り交わした。

数日後、私たちは依頼者である夫婦の知人から預かったお金をサラ金業者に支払い、それと引き換えに、登記の名義を取り戻すための書類一式を受け取り、夫婦とその知人との売買契約を実行させることができた。

平手打ち——その二

伊豆の稲取に、ある地方自治体の職員の共済組合の寮がある。その寮の入口道路は、某ホテルの真裏に面しており、公道から入るにはホテルの外郭を半周しなければならない。ホテル脇から寮の門前までの私道部分は、かれこれ二〇〇メートルもの距離があるのだが、その私道はホテルの裏口用に付けたもので、もともとホテルの所有地の一部である。共済組合の寮は、この私道を利用させてもらっていたものであった。

ところが、このホテルが倒産し、競売の結果、不動産会社に競り落とされてしまった。その上で、競り落とした業者は組合に対し、一方的に「私道を閉鎖する」と通告してきたのである。

共済組合から相談を受け、事務所の同僚弁護士が業者と折衝した結果「相手方はホテルの手前から寮の正面に向かって、公道から直線で寮に入れるよう、ホテルの敷地部分を道路として提供する。その代わり当方は、従来の私道部分は使用しない」ということになった。直進道路を付ければ、相手の方は二〇メートルくらいの道路部分を提供するだけで足りる半面、従来の二〇〇メートルからの道路部分が、ホテルの敷地として使用できることになる。これならば、双方願ったりかなったりということである。

同僚弁護士によれば「大方話がまとまったので、現地で測量士を立ち会わせ、新しい道路の位置を決めることになった」というので、私も一緒に現地に出掛けた。

早めに着いて現地を見てみると、寮と道路を付ける予定地との間にかなりの段差があるのに驚いた。予定地のホテル側の方が三メートルくらいも高く、しかもその上には雑木が密集しているのである。「道路付けをする費用は、どちらが負担することになっているのですか」と私が尋ねると、相手業者は「道路用地を提供するとは言いましたが、費用まで出すとは言っていないから、寮側の負担です」と言う。同僚弁護士が〈しまった〉という顔をした。測量士を含め、何人もが立ち会いに来ており、今にも杭を打ちかねない状況である。私はとっさに同僚を怒鳴《どな》りつけるほかなかった。

「話がまとまったというから、私も立ち会いに来た。しかし、どちらが費用をかけるのかを決めないで、道路付けなどできる訳はない。共済組合には道路にかける費用などないことくらい、分かっていたはずだ。このままでは、今日道路の位置を決める訳にいかない。これだけの人たちを集めて無駄にしたのは、君の不注意だ。みんなに謝罪しろ。俺《おれ》は帰る！」

突然大声で怒鳴られた彼は、直立不動である。したり顔でいた相手方もこれにはびっくりしたのか、

「ちょっと待ってください。折角みんな揃ったんだから、話し合おうじゃないですか」

と、私を引き止めにかかった。私は内心ほっとしたものの、

「金がない者が、話をしようにも、できないではないですか」

と言うと、

「分かりました。舗装まではしませんが、どうせホテルの脇には庭を作る予定だから、同じ高さにまで掘り下げ、土留《どどめ》だけはする。それで話をつけましょう」

と提案してきた。

　こうして、道路にする予定の位置を定め、ようやく杭打ちの作業にかかることができた。その間、私の同僚弁護士は、たった今まとまった約束内容を書面に作り上げ、相手業者との調印を取り付けた。

　作業を終了して帰る連中を見送って寮に入ると、私は思わずへなへなと座り込んでしまった。そして同僚弁護士に、

「申し訳なかった。ああするより、相手を説得する方法が見当たらなかったんだ」

と、平謝りに謝った。

「本当に怒ってたんじゃないの？　俺はびびったよ」

と同僚。身内がだまされたくらいだから、迫真の演技だったに相違ない。「それにしても、

しんどかったなぁ」と、あらためて二人で苦笑いした。

一〇年後の報酬

夜半まで蒸し暑くて、布団の上でもそもそしていたときに電話が鳴った。若い男の声ではあるが、辺りをはばかる様子であった。

「初めてお電話するのに、夜遅くて済みません。父が亡くなり、持ち物を整理していましたら、先生の名刺が出てきたものですから。相談に乗っていただきたいのですが、父とはどういうご関係だったのでしょうか」。

私はその父親の名を聞いて、二年ほど前、交通事故を起こした青年の国選弁護人を引き受けた際、青年の人柄などの状況を証言してもらった雇用主であることを思い出した。

聞けば、その後事業の建設業の方は思わしくなくなり、つなぎ資金のために手を出した金融業者からの借り入れが膨らんで、ついに手形の不渡りを出してしまった。金融業者の取り立ての厳しさが堪え難かったのか、数日前、自ら命を絶ったという。

「それで、相談事とは？」と聞く私に、声の主は「相談料もお支払いできない状況ですが」とためらっている。「相談料の心配などしている場合ではないでしょう」と水を向けると「父が亡くなってからも、○○の郊外にある自宅に金融業者が入れ替わり立ち替わり訪ねて来ては『残された妻子で支払え』とすごんだため、母は重なるショックで寝込んでしまっています」と言う。あらためて家族構成を聞くと、電話の主は長男で二五歳。それに二二歳の弟と一八歳の妹の三人兄妹と母、とのこと。私は「心配のないようにするから、とにかく明日事務所に来てください」と言い「何か急なことがあったら、遠慮なく電話をください」と付け加えた。

その「急なこと」が、間もなく二度目の電話となった。「夜になっても家の回りをうろつくように見張っていた金融業者の一人が、いくら怒鳴ってもたたいても玄関を開けないことに業を煮やし、今度は電話で怒鳴り散らし『娘を出せ、働き口を世話するから、そこで働いて返してもらう』とまで言っており、妹が脅えてしまっています」というのである。

そこで私は、兄妹の家の地元を管轄する警察署に電話を入れ「とにかく、脅迫や暴力を止めるよう、説得に行ってほしい」と依頼した。警察はすぐにパトカーを派遣してくれたらしく、三度目の電話には、安堵《あんど》した兄だけではなくパトカーで駆け付けた警察官も出て「パトカーの明かりで、蜘蛛《くも》の子を散らすように逃げてしまいました。もう心配いりません。何かあったら、本人たちから直接電話をもらいます」

とまで言ってくれた。私はほっとしたものの、すっかり目が覚めてしまった。

翌日、私の事務所を訪ねてきた兄弟にあらためて事情を聞いたところ、長男の方は父親の仕事を手伝っていたため、父親が金融業者から借り入れた際に、保証人にさせられているという。これでは、私が想定していた「亡父の相続の放棄」をしてみても、長男の保証債務が残ってしまう。〈どうしたものか〉と思案していると、次男から、

「父が被保険者で母が受取人になっている生命保険の一、〇〇〇万円があるのですが、保険証券は高利貸の一人に、父の死後、事務所から勝手に持ち出されてしまっています。この一、〇〇〇万円を使えないでしょうか」

という質問を受けた。早速保険会社と話をしてみると「保険を担保に入れているような手続きもとられていないので、受取人である配偶者の印鑑証明などを揃えてもらえば、支払えます」という。私は母親の了解を得て、受け取った保険金の半額五〇〇万円で、長男が保証人とされている高利の債務の整理を図ることにした。

金融業者からの借り入れは数社で合計四、〇〇〇万円ほどであった。もとより銀行からの借入金の方が多かったが、これには自宅が担保に取られているから、それで終わりにしてもらうほかないであろう。

私は金融業者らに対し「亡くなった本人の身内から、五〇〇〇万円を都合してもらった。これを銀行を除く債権者に平等で返済に充てれば、債権額の一二・五パーセントに当たる。残額を免除してくれるのであれば、この分を返済に充てる」といった趣旨の手紙を出した。すると大方は、渋々ではあるが、この申し入れをのみ、現金と引き換えに借用証と長男の保証証を返してくれた。中には私の事務所に来て、一通り手続きが終わった後「ところで先生、これは私の個人的なお願いだが、私の息子が小学校に入学したので、お祝いを包んでもらえないかね」と言った強者《つわもの》がいた。私が「分かりました。お祝いということなら私も包みますが、実は私の方もちょうど、長男が中学、三男が小学校に入学したところなんで、二人分のお祝いをお返しにお願いできますかね」と言うと、彼は「先生、参ったよ」と苦笑いして退散した。

これで長男が保証した所はすべて落着したものと思っていたところ、数カ月後に、本人も知らなかった一業者から「保証している借入金を支払え」という調停を起こされてしまった。同じ一二・五パーセントを支払い、調停を成立させることはできたが、長男は〈いつまたどこから請求を受けるか分からない〉という不安をぬぐえなかった。

銀行から自宅の任意売却を迫られた一家が引っ越しする際、私が「心配なら、当分の間、住民票を新しい住所に移さないでおくのもやむを得ないかな」と言うと、長男は「保証債

務の時効は、いつまででしょうか」と聞いてきた。私は「営業上のものは原則五年だが、どんなものも一〇年すれば、みんな時効になります」と答えて、一家と別れた。

それから、私が事務所の場所を二カ所も変えるほどの年月が流れた。私の自宅に問い合わせて分かったとのことで、三人の兄妹が母親を連れて新事務所を訪ねて来てくれた。「父親が亡くなってから一〇年たったので」ということだった。

「夫の保険金の残りで、再出発ができました。子供たちが一生懸命働いてくれて。長男は結婚し、孫ができました。娘も、今年の秋に挙式します」と話す母親の元気そうな笑顔に、救われる思いだった。長男が「先生の言われた一〇年がたって、ようやくすっきりしました。これは、みんなの気持ちです」と言いながら、白い封筒をテーブルの上に置いた。私はてっきり好物のビールの購入券が入っているものと思い、有り難く頂くことにした。

四人が帰った後、封筒の中身を見て驚いた。五〇万円分のピン札だったのである。私は封筒を手に慌てて事務所を飛び出し、雑踏の中に四人を追ったが、徒労に終わった。私のもとに、すぐには礼状の出しようのない謝礼が残された。お礼を言おうにも、私自身が「心配なら住民票を移動させないで」と言った一言を守られたため、彼らの住所が分からなかったのである。

女わらしべ長者

三〇年も昔のこと、女子高校生が、自分の肝っ玉母さんのことが心配で、弁護士の所に相談に行ったそうな。

その女子高校生（娘）の父親は運送業を営んでおり、母親も昔からトラックなどを運転するほどの気丈夫で、娘と中学生の息子の四人家族だった。子供たちから見れば両親は仲の良い夫婦だったが、商売の方はうまくいっていなかった。その上、大きな取引先が倒産した煽《あお》りで、銀行からの融資の支払いにも困っていたようだった。

そんな時に、何と父親が出奔してしまった。しかも、経理を担当していた若い女性と一緒だったということが分かり、母親はショックのあまり寝込んでしまった。父親は、自分の妻や家族のことを考えての上か、それとも若い女性に尻をたたかれてのことか、勝手に離婚届を出した上、離婚の慰謝料代わりに、ローンで購入していた自宅を妻の名義にする登記までして、行方をくらました。

娘は「母は離婚していないのですから、戸籍も登記も元に戻してもらいたいのです」と、弁護士に頼み込んだ。娘が持参した自宅の土地・建物の登記簿謄本には、購入した時に付けた住宅ローンの担保だけではなく、その後に父親の事業のために借り入れた資金の担保も付けられていた。

弁護士は「ともかく、どうしたらよいか、お母さんと直接話をしてみないと」と言って、日を改めて母親と会い「法律的に言えば娘さんの言うとおりなのですが、家族をほっぽって若い娘と行方をくらました夫を連れ戻すことができたとしても、これまでどおりの生活が送れるでしょうか。それよりまず、母子三人の生活をどうするかが先決でしょう」と決断を促した。

一時は寝込んだとはいえ、さすがダンプカーも運転できるという母親だけあって、「自分の働きで、何とかします。自宅のローンさえ払っていけば、家を借りるより安いし、もうすぐ高校を終える娘も、働くと言ってくれています。今年高校生になる息子の卒業まで、家を持ちこたえることができれば」と、気丈に言った。

弁護士が試算したところでは、自宅が競売されることがあっても、その売却価額は購入した時のローンの残金にも満たず、後に付けられた担保で競売にかけることはできないだろうと考えられた。そこで弁護士は「ローンさえ支払っていけば、当分は自宅で生活することができるでしょう」と言うのだった。話を聞いた母親は、いなくなった夫を探し回ることより、夫のとった勝手な手続きを黙認する方を選んだ。

それからというもの、肝っ玉母さんはたった一台残された中古の小型トラックを運転し、今まで以上に働いたそうな。

運送の仕事にありつけないときには、ゴルフ場でキャディーのアルバイトをした。まだ景気の良い頃、夫に休日ゴルフに連れて行ってもらった経験が役に立った。娘も、何事にも前向きな母親の性格を受け継いでいたのか、高校卒業と同時に、少しでも日給が良い所を選んでは、昼夜を問わずアルバイトの掛け持ちをした。

たまたま、母親が働いていたゴルフ場の近くに住み、ゴルフ場のメンバーであった地主さんがゴルフをしに来た時のこと、母親がキャディーについた。何番ホールかのグリーンの上にいた時に、隣のコースから「ファー」という声と共にボールが飛んで来て、地主さんの頭を直撃した。地主さんはすぐ病院に運ばれ、幸い骨折などはなかったものの、大事をとって数日間入院することになった。ゴルフ場の支配人は「キャディーさんの責任ではない」と言ったが、母親は「自分がもう少し気を付ければ」、「太っている私にぶつかればよかったのに」と言って、地主さんの入院中、仕事の合間を見ては見舞いに通った。

母親が自宅のローンの支払いを始めてから二年を経過した頃、後順位の担保を付けている銀行の担当者が「土地も値上がりしてきたから、そろそろ不動産を処分して、当銀行にも返済してほしい」と言ってきたということで、また弁護士の所を訪れた。

「もう少ししたら、息子も高校を卒業します。娘も生活費を入れてくれているので、アパートを借りてもやっていけます。自宅を処分されても、もう大丈夫です」

と言う母親に、弁護士は、

「あと少しの辛抱だから、急がなくてもいいのでは」

と言ったが、母親はすでに心に決めているようだった。

それでも、ゴルフ場の隅でつい考えごとをしていたのを、くだんの地主さんに見つかり、

「何か心配ごとでもあるのかな？」

と聞かれた肝っ玉母さん、

「家を処分することにしたので、近くでアパートが借りられないかと思って」

と言ったそうな。すると地主さんが、

「自宅近くに賃貸していた家作があるが、駅まで遠いので、今は借り手もいない。よかったら、使ってもいいよ」

とのこと。

こうして、地主さんの家作に移り住むことになった肝っ玉母さん、地主さん宅に挨拶に行った。すると、奥さんを数年前に亡くし、子供もいなかった地主さんは、広い屋敷にたった一人で住んでいた。そこで、肝っ玉母さんは食事を作る際に余分におかずなどを作り、子供たちの手で地主さんの所へ運ばせたそうな。

その間に、母親は自宅を処分して住宅ローンを完済し、残った分も銀行に返済した。息子も高校を卒業して、勤務先も決まったし、娘はアルバイト先で、さる大手会社の社長の御曹司に見初められ、結婚することになった。借金に追われる身ではなくなった母親は、トラックを運転する仕事を辞め、ゴルフ場のキャディーに専念できるようになった。

ある日、娘が嫁いだため自分で手作りのおかずを地主さんの所に運んでいった母親は、地主さんから「家に来て、毎日作ってくれないか」と言われた。

こうして、母親は地主さんと再婚することになった。

それから三年、母親は地主さんの所でゆっくり時間をとることができ、お茶やお花を習った。それこそ六〇の手習いだったが、それまでの仕事に比べれば何の苦にもならなかったし、生まれつき器用なのか、何をやってもまたたく間に熟達できた。

さらに三年後、地主さんが脳梗塞《のうこうそく》で倒れ、寝たきりになってしまった。母親は、介護やリハビリテーションの講習を受けたりしながら、一心に地主さんの看病に尽くしたが、そのかいもなく、地主さんは一年後に亡くなってしまった。

肝っ玉母さんが娘や息子、孫たちに囲まれ、地主さんの四九日の法要を済ませ、仏壇を整理していたところ「残った財産は、全部肝っ玉母さんにやってくれ」という遺言書が出て来たそうな。しかし、肝っ玉母さんは「こんな多くの土地はもらえない」と言って、地主さんの兄弟の子供たちに分けてあげたそうな。そこで、今では地主さんの兄弟の孫たちも、たくさん訪ねてくるようになったそうな。

肝っ玉母さんが初めて弁護士に会った時の歳ほどになった娘さんは「きっと母さんは、地主さんの分まで長生きするに違いないでしょう」と、弁護士に言ったそうな。

おしまい

四人目の息子

弥一郎の父親の死は、あまりにも突然やってきた。

当時、私の家に寄宿していた弥一郎は、やがて高校三年生になる正月を迎えるため、冬休みに入って、新潟県の両親の元に帰省していた。

大晦日の晩、その父親から年越しそばを食べていた私のところに電話が入った。「息子が一年間いろいろお世話になりました。おかげさまで落ち着いて正月を迎えることができます。弥一郎が小さかった頃のように、久しぶりに一緒に風呂にも入ることができました」と、いつもと変わらぬ落ち着いた声だった。

年が明けて二日目のこと、いつもは目を離せない年頃である八歳の長男と六歳の次男、三歳の長女を前に、私は御屠蘇《おとそ》で一杯やりながら、穏やかな正月気分を味わっていた。そこにまた、新潟から電話が入った。今度は弥一郎からで「父が『何時までも起きてこない、いくら正月でもゆっくり過ぎる』と、母が寝室に起こしに行ったところ、意識不明の状態で、昏睡状態が続いたまま息絶えました」と言うのである。脳出血だった。

電話の「皆さんも良いお正月を」と言った元気な声が、最後になった。

私が弥一郎の父親である石井先生に巡り会ったのは、私が中学二年生の頃であり、先生もまだ独身であった。

私は東京の下町である本所亀沢町で生まれ、太平洋戦争が始まった年に国民小学校に入った。やがて戦争が激しくなり「東京も空襲の恐れがあるから」と、学校の地下にも防空壕が掘られるようになった昭和一九年二月、両親の郷里である新潟県古志郡栃尾町（後の栃尾市＝現長岡市）に疎開した。疎開先で終戦を迎えたのは、小学四年生の夏であった。東京の家は三月の大空襲で焼失し、父は終戦から数カ月後に出征先から戻ったものの、肋《ろく》膜《まく》を患っており、しばらく仕事に就くこともできず、父母各々の実家や近隣の親戚の人たちに助けられ、辛うじて生活する状況で、東京に戻る当てさえなかった。

父はその後健康を取り戻して単身上京し、ブローカーまがいの仕事に就いた。そしてわずかな資金を作り、実家の身内からできる限りの借金をして、墨田区向島界隈《かいわい》の長屋の一角をようやく手に入れ、家族が再び上京できたのは、昭和二六年の正月のことであった。

しかし、私は中学三年生の三学期に入っており、あとわずかで卒業という時期でもあったし、何より戦争のせいで小学校を四回も転校したこともあり「もう転校するのはいやだ」と思っていた。そこで、ちょうど小学校六年生で同じような状況にあった三男の弟と二人、卒業まで田舎に残ることにした。幸い父の実家が二人を預かってはくれたが、卒業までの二カ月余り、毎日片道四キロの雪の道を、弟とともに通学することになった。

もっとも、私がしばらくの間であれ〈家族と離れて栃尾に残ろう〉と決めた第一の理由は、地元の栃尾中学校に石井先生が在職しておられたからといっていい。

石井先生は、栃尾中学に赴任された当初は、町中にある私の同級生の家に下宿しておられたが、独身のこともあって、ほかの先生に比べて宿直が多かった。私は先生の宿直のたびに友人たちと宿直室に押しかけては、そのまま泊まってしまうこともしばしばだった。

何よりも、東京の大学を出て洗練されていた先生の話はすべてが新鮮であった。終戦直後で何もかも生まれ変わろうとする時代でもあったから、私も先生の目新しい授業に真っ先に飛び付いた生徒の一人だったのである。社会科という科目を担当されることも新鮮だったが、授業が終わった後のクラブ活動で野球部を指導し、ノックをする姿は、実にスマートだった。聞けば、その後プロ野球で青バットで名をはせた大下弘と、大学で一緒に練習されたこともあったという。夜は夜で、希望者を募って児童劇団を結成し、遅くまで演劇の稽古を付けておられた。

夏休み最大のイベントは、新潟県中越地方の中学校野球大会に参加することだった。ただ、夏休みが始まる頃の数日、先生は改まって「東京に行ってくる」と言っていなくなったのだが（司法試験受験のため）、その間はほかの先生がノックバットを握ってくれた。

三年生の夏のことだった。先生は東京から戻った際、左用のファーストミットを携えていたのである。先生から「自分のかばんを作るんだ」と前に見せられたことのある、牛のなめし革で作られたものだった。「ファーストのレギュラーで出場する者に使わせる」と先生は部員の前で言ったが、左利きは私のほかには一年生が一人いるだけなのは、皆知っていた。

その夏の大会は、私にとって晴れがましい舞台となった。左利きにもかかわらず、それまで右利き用のグローブを使っていた私には、左利き用のファーストミットは手にしっかり馴染んだ。長い指先は今まで取ることのできなかったボールも軽々掬《すく》い上げることができたし、ファースト側に飛んだキャッチャーフライさえ、ファインプレーに変えることができた。気持ちよく守備ができれば打撃も好調になるもので、私は最初の二試合で三本ホームランを打つほどの出来映えだった。

残念ながら、私たちは準決勝で敗れて三位になったが、その賞品が大会場に飾られた大きなお祝いの花輪だったのは、戦争直後の何もない時代だったからである。

大会が終わると、高校入学のための勉強が待っていた。先生は「『野球をやっていたため、勉強ができずに不合格』と言わせたくないから」と言い、毎晩のように下宿先に野球部員を集めて、補習をした。先生が東京から買い求めてきた入試用の試験問題集から問題を選び、筆耕をしてガリ版刷りをするのが私に与えられた役目だった。これも後になって知ったことだが、全員の高校入学が決まった日「稲田には苦労をかけたから。みんなからの記念品だ」と言って、万年筆を買ってきてくれた。

私に弁論というものを初めて教えてくれたのも、先生であった。秋の文化祭で、それまで見たことも聞いたこともなかった弁論を私にやるように指示し、自ら実演して見せた。そして、私に与えられた演題は、何と「全面講和か単独講和か」という、およそ中学生らしからぬものであった。時代はやがて米国との講和条約が結ばれようとしていたころであり、今から思えば、戦災で家を失って地方に寄宿する私に、自分の気持ちを代弁させたかったのかもしれない。

その後、校内では、弁論というのはなかなかいいじゃないかということになり、学校全体で各クラスから代表を選んで大会を催すまでになった。そして、弁論に病みつきになった私に、先生は「将来は弁護士になれ」と言うのだった。もとよりその頃は、弁護士なるものがどんなものなのか全く見当もつかず、考えることさえできなかった。

卒業式の翌日、ただ一人上京することになった私を駅頭まで見送ってくれ、

「お前はどこに行ってもやっていけるものを身に着けた。自信を持ってやれ。都会にのまれるな。いつの日か、東京で会おう」

と言って、いつまでも手を振ってくれた。私はこの別れに当たって、先生が兄のように思えた。

上京してからの一〇年は、私にとって決して平坦なものではなかったが、挫《くじ》けそうになるたびに〈私には第二の故郷がある。先生が信じていてくれる〉という思いで凌《しの》いだといってよい。

私が先生との再会を果たしたのは二〇年後、昭和四五年の春のことである。

その間、先生は、やはり教師を務める奥さんと結婚し、昭和三〇年には一人息子の弥一郎が誕生していた。その弥一郎が文京区にある私立の男子高校に入学したということで親子で上京し、椿山荘《ちんざんそう》で二〇年ぶりの再会を喜びあった。私は弁護士になって五年目であり、結婚して三人の子供をもうけたころのことであった。

弥一郎は一五歳になったばかりで、両親とすれば、手元から離して独り上京させることには必ずしも賛成ばかりではなかった様子であったが、小・中学校を通じて常にトップク

ラスの成績であった弥一郎とすれば、郷里での進学に飽き足らなかったのであろう。地元では両親共に学校の先生という名家の御曹司であり、内でも外でも優等生で過ごさなければならないことも、彼にはいささか窮屈であったかもしれないし、何より〈未知の世界に接したい〉という夢を抱いての上京だったのであろう。そんな弥一郎にとって、都会の風が想像以上に厳しいものであることなど、知る由もなかった。

当時は学生運動が過激な時代であり、さまざまなグループによる反戦運動など、単なるデモにとどまらず、一部には火炎瓶闘争も繰り広げられていた。よりによって、彼が下宿した学生用のアパートには、こうした運動家が集まっていたようで、純粋無垢の彼が集会に参加して洗脳されてビラ配りやデモに参加するようになるには、一年も要しなかった。

「凶器準備集合罪」、「現住建造物放火未遂」、「公務執行妨害」等の仰々しい罪名で、彼が帰省中の新潟で逮捕されたのは、昭和四七年正月早々のことであった。具体的には、数名の大学生らに引率され、火炎瓶を持って警察の派出所を襲ったというものである。

両親から連絡を受け、私がある警察署に勾留されていた弥一郎に面会したのは、くしくも彼の一六歳の誕生日のことであった。「許されるのならば、バースデーケーキを差し入れてもらえないでしょうか」という母親の頼みに、私は少々戸惑いながらも「母親の気持ちは気持ちで大事にしよう」と捜査官に同意を求めたところ、意外にあっさり承知してくれた。しかし、後に本人から聞いたところによると、ケーキは一切れも食べられなかったということであった。

弥一郎は、自身の行動こそ素直に認めていたものの、一緒に行動した仲間の名前などを聞かれると、全く口を閉ざしていた。そんな彼に対し、捜査官は、取調室の机の上にケーキを幾つかに切って並べて見せ、その前に共犯と思われる仲間の顔写真を何枚か並べ「一人の名前を思い出したら、ケーキを一切れ食べていい」と言ったという。これでは、彼ならずとも食べられる訳はない。また、彼は「先輩たちから、『万一捕まった時には、黙秘権を行使するように』と言われていた」と言うので「なぜ自分の行動については認めたのか」と私が尋ねると「最初は黙秘していたけれど『認めなければ、新潟で逮捕したことを明らかにする。そうなったら地元では両親とも、学校の先生などやっていられないだろう』と言われて」降参したと言うのである。彼の行動が責められるべきであっても、このような警察の対応が、純粋な彼の心情を傷つけるものであったことは、容易に想像できる。

勾留の期間が満了となり、少年鑑別所に送られるかもしれないという時期に、私は両親、担任教員と一緒に家庭裁判所を訪ねた。そして審判官に面会し「私たちで責任を持って監督し、いつでも調査などに応じるよう、私が自宅で預かりますから、在宅処分に切り換えて頂きたい」と懇請し、受け入れてもらうことができた。もっとも、その間に家裁の調査官から私の自宅に「弥一郎君を家で預かることを承知していますか」と、確認のための電話があったことは、後に妻から聞かされた話である。

その翌日、私は弥一郎の学校を訪ね、学校長に面談を求めた。文部大臣まで務めたことのある学校長は、ことのほか厳格だった。当初は校長室の窓越しの会談であったが、私の「家庭裁判所での経過の報告かたがた、おわびとお願いにあがりました」という言葉に、ようやくドアを開けてくれた。そして、私が「裁判の結果が出るまでは、教育機関が先に処分をするようなことはしないでください。有罪の処分が出た場合には、私が責任をもって自主退学させます」と言うと、学校長からは「処分については、もうしばらく検討します。それまでの間は、自宅で待機するように」という回答をもらうことができた。その際、学校長から「なぜ弥一郎君を自宅にまで引き取ることにしたのですか」と聞かれた私は、彼の父親との関係を話し「お世話になった分を父親に返すことはできないので、子供に返すつもりです」と答えた。学校長は、それには無言だった。私は「何とか留年することなく復学できるように、自宅待機の期間の短縮を検討してください」と、重ねて懇願して学校を辞した。

こうして、その年の一月末頃から、弥一郎は私たちの家族の一員になったのである。

当時の私の家族は、長男が小学三年生、二男が小学一年生、長女が幼稚園児、そして、妻は四人目の子供を身ごもっている状況だった。食事の際には、妻は台所で準備ができると、子供たちを並べて、給食よろしく自分の分を取りにこさせるのが慣わしだったが、ある時妻が「『準備できたわよ』と声をかけると、弥一郎君が一番先頭に並んだのよ」と笑っていたことがある。そんな子供のような一面を見せるかと思うと、私と議論すると革新家気取りで、よく分からない言葉を並べ「つっぱっている」という表現がぴったりの若者でもあった。ことに、私の家に来たばかりのころは裁判中の身で〈当面、決着がつくまでは私の家に居るしかない〉という気持ちもあったのであろう。昼は忙しく飛び回っていた私が彼と話せるのは、夕食を一緒に取るときぐらいであった。

ある晩「なぜ、火炎瓶を警察に投げ込もうなんて考えたんだ?」と私が尋ねると「警察は、人民の敵だから」と答えた。「敵と味方は、どうやって区別するの?」と私。「それは、私たちの指導者が見分ける」と彼。「それでは指導者が『お前の親は敵だ』と言ったら、親でもやっつけることになるのか?」と言うと、「親をやっつけろなんて、言う訳はない」といった具合であった。彼との話はいつも平行線をたどり、〈これでは自分の考えなどないではないか〉と、私にとってはいささか困惑したやりとりが続く最中に、あの浅間山荘事件が勃発《ぼっぱつ》したのである。

私の妻によれば、テレビに終日映し出されていた事件の状況を、弥一郎は黙ったまま正座して見ていたそうである。私が出張先の大阪から帰宅すると、彼は玄関先で正座したまま憑《つ》き物でもとれたような顔で「お帰りなさい」と丁寧に私を出迎えた。そして、私が食事に着くのを待ちかねたように、

「言われたことが、ようやく分かりました」

と言った。浅間山荘に立てこもったメンバーが、投降を呼び掛けた母親に対しても発砲した光景をテレビで目撃し、私が彼に言っていた言葉の意味が分かったと言うのである。

彼が当時私の言いたかったことをどのように理解してくれたのかはともかく、その日から、彼の態度は全く変わった。休日には私が子供たちの髪を刈るのを見て「自分の頭を坊主にしてください」と言う。「本当にいいの?」と確認して、私は彼の頭を五分刈りにした。

弥一郎の学校に誓約書を提出してから半月後、学校から呼び出しを受けて駆け付けた私は、学校長から、学校としては訓告の処分にすること、そして両親と私に対しては「今後、学校の先生の指導に従い、迷惑をかけない。再度かかる事態を生じた場合は、いかなる処分を受けるも異存ない」という誓約書を、あらためて提出するように告げられた。

こうして、弥一郎は高校に復帰することができた。四~五〇日のブランクがあったが、補習授業に自主参加するなどの結果、五〇名のクラス中五番目の成績を残すことができた。四月初めには、九州、四国方面の修学旅行にも参加し、三年生としての授業も始まった。

担任の教師の理解もあって、学校には比較的スムーズに復学できたと言ってよい。

しかし他方で、我が家はまさにてんてこ舞いの一年間を迎えることになる。

本人にとってもそうであったろうが、私たちにとっての毎日の悩みは、彼が朝起きられないことであった。枕元に幾つも並べた目覚まし時計が一斉に鳴り出しても、彼だけが目覚めないという具合であった。私か妻が無理やり起こして、登校時間に間に合うよう送り出していたが「三年次の遅刻は四七回に及びました」と、後に学校長から聞かされた。

他方、家庭裁判所の最終処分が出るまでの間は、本人も中途半端な心理状態に置かれたこともあろうし、現に警察官が登校途中で待ち伏せしていて「仲間から連絡はないか？」などと聞かれることもあったという。ある時は、彼が留守番をしていて我が家の電話を受けた際に感づいたのか「盗聴器が付けられている」と言い出し、しばらく私も自宅の電話で仕事の話をするのはやめたほどであった。彼は「グループで行動していた時に、盗聴器を付けられた電話の音を聞いたことがあるから、間違いない」と言い、私も実際に電話をかける際、テープが擦れるような聞き慣れない音を耳にしたのであった。また、精神的に追い込まれたのか、家出をしてしまい、一昼夜連絡のなかったことがあった。その時は妻ともども一睡もできなかったが、翌々日、一緒にいた友人に連れられてきた弥一郎と、横浜で落ち合ったこともある。

五月に入り、家庭裁判所の調査官による私や両親に対する調査があり、中旬には審判が行われた。捜査官から家庭裁判所に送られた際の処遇意見は「刑事処分が相当である」とされてはいたが、裁判所は、彼の現在の生活状況や学校の彼に対する対応などから、現状を継続することができれば、心配はないとの判断から、「不処分」と決定してくれ、本人も私たちも、ようやく落ち着きを取り戻した。しかし、彼が朝なかなか起きられないのは、相変わらずだった。

八月、我が家に三男が誕生した。弥一郎は帰省中だったが、子供たちは夏休みに入っており、私一人では炊事・洗濯まではとても手に負えない。妻が親しくしていた近所の主婦が、産後の妻の家事を毎日のように手伝ってくれた。二学期の秋口に入ると、弥一郎もめっきり落ち着き、子供たちの面倒も見てくれるようになったが、遅刻癖だけはなくならなかった。「来年早々には大学受験もある。ぼつぼつ我が家からの独立を考えなければならないだろう」と妻と話していた矢先の、父親の突然の死だった。

父親の葬儀を済ませた弥一郎は、再び私たちの元に戻り、大学入試まで過ごすことになる。

幸いなことに、高校の関連大学に推薦入学が決まったのだが、卒業を間近にして、私はまた学校長に呼び出された。〈何事か〉といささか不安に思いつつ訪れた私に、学校長は

「成績は良かったのですが、遅刻の回数が多いので、優等賞をあげる訳にはいかないのです。了解してください」と言うのであった。例の事件には、全く触れなかった。

翌年三月、埼玉県にある大学の近くに下宿を定め、弥一郎が巣立っていった。しかし、その直後、妻が急性肝炎で倒れてしまった。生まれて半年あまりの三男はまだ母乳を飲んでいたが、往診してくれた医師に「母乳を与えると、赤ちゃんに感染する恐れがある。入院しないのなら、絶対安静にしていなければいけない」と言われ、私はやむなく三男を私のすぐ下の弟の元に預けることにした。弟は千葉県船橋市の新京成電鉄の沿線近くに世帯を持っていたが、弟の二人の子供たちも小学生になり「手のかかる時期は過ぎたから」と、義妹が快く引き受けてくれたのだった。義妹が体調を崩した時には、近くに世帯を持っていた私の妹たちも、私たちに内緒で世話をしてくれた。ところが、再び弟の所に戻っていた時のことである。「四〇度近い熱を出し、お腹の辺り一面に赤い湿疹が出ている。預かっている間にもしものことがあったら、兄貴に合わせる顔がない」と、弟から私の勤め先に電話が入った。私はボス弁に事情を話して早退し、弟の家へと急いだ。

三カ月ぶりに見る三男は、見違えるほど大きくなっていた。確かに、一見して熱を帯びた顔をしていたが、熱の割には思ったより元気そうだった。私は〈とにかく妻に見せて安心させてから、いつもの医師に診てもらおう〉と、三男と着替えをくるんだ風呂敷包みを抱えて、弟の家を後にした。新京成電鉄に乗っている間、私に抱かれた三男は、私の背広の胸に着けている弁護士バッジが光るせいか、泣くこともせず、目を皿のようにして、それればかりいじりまわしていた。

新京成電鉄と国鉄（現在のＪＲ）の津田沼駅とは少し離れており、その間の道路は未だ舗装されておらず、砂利がまかれた状態だった。駅で切符を買おうとした時に、私は胸のバッジがなくなっているのに気付き、夢中で砂利道を引き返した。バッジを弁護士会から再交付してもらうためには、始末書を提出し、官報で紛失の公告までしなければならないのである。〈三男がいじっているうちにバッジが緩み、歩いている間に落ちたのだろう〉と考え、道路を探しながら歩いた。しかし、多少大きめのバッジとはいえ、薄暗くなった中、一面砂利が敷かれている路上を探すのは、容易ではなかった。赤ん坊と風呂敷包みを抱え、うつむき加減に往ったり来たりしている不審な男と思われたのか、ふと気が付くと、道端に立ち止まって、遠巻きに私を見ている人たちがいた。慌てた私はバッジを断念し、一目散に駅へと急いだ。電車に飛び乗ると、一時であっても子供の病気を差し置いてバッジを探した自分が、みじめに思えてきた。

ようやく布団を上げられるまでに回復していた妻は、熱の割に妙に元気そうな三男の様子を見て「お父さん、水をたくさん飲ませてやって」と指示した。三男は、哺乳瓶の水に夢中で吸い付いた。妻は三男のお腹や腕にできた湿疹を見て「汗疹《あせも》じゃないかしら？」と言う。生まれて半年足らずで三カ月も離れていたのだから、父親どころか母親の顔も覚えていないのではないかと思われたのだが、それでも自分の寝床は分かるのであろうか、水を飲んで一眠りすると、熱は下がってしまった。預かってくれた弟夫婦が〈風邪を引かせては〉、〈お腹を壊しては〉と、あまりにも大事にしてくれた結果だったのであろうと、あらためて感謝した。そういえば、長男が生まれて一年足らずの頃にも、同じようなことがあった。妻と三人で熱海に一泊旅行に出掛けた時のことである。夜半に長男が熱を出し〈旅館に迷惑を掛けては〉と、妻と二人で水道の水でタオルを絞っては長男の頭に当てがい、一睡もせずに過ごし、朝一番の列車に飛び乗り、ほうほうの体で帰宅した。休診の医師に頼み込んで診てもらおうとした妻に、私の母は、旅行中に長男が普段どおり便通があったかと聞き、妻が「そういえば便秘していた」と答えると、あめ玉をしゃぶって小さくして長男の尻に入れてやった。やがて間もなく通じがつくと、長男の熱も自然と治まったのであった。

バッジはとうとう見付からなかった。

そんな子供たちが、一〇年後には順々に大学に行くようになった。私たち夫婦と上の子

供たち三人はいずれも文科系であったが、三男だけは「理工系に進みたい」と言う。ところが、容易に進学できるほどの成績を残していない上、あまり勉強もしていなかったから、最初から浪人を決めて代々木ゼミナールに通ったが、一年目はあえなく落ちてしまった。

そんな頃、ひょっこり弥一郎が訪ねてきた。彼の母親からの便りで、彼が大学卒業後、予備校に勤めていることは知っていたが、聞けば、埼玉県のK市で進学塾を開業したという。「三男の受験勉強を見てやりたい」という彼の申し入れに、私たちも願ったりかなったりであった。三男は週末には彼の元に泊り込み、夏期休暇中などは集中して、彼の自宅兼進学塾に出向き、彼や彼の友人たち教師の特訓を受けた。そして一年後には、希望どおりの大学の理工学部に入学することができたのである。

三男には、私が弥一郎の父に感じたように、弥一郎を兄とも思う気持ちが生まれたのであろうか。私は三男に一度も聞いたことはなかったが、三男が自分の結婚式に一番先に招待したのは、弥一郎であった。

私の垣間見た元宰相　田中角栄氏

弁護士としての職業冥利に尽きる点を挙げるとすれば、仕事を通じてさまざまな人たちと出会うことができるということ、どんな立場の人とも対等に話し合うことができるということではないかと思っている。

私がこれまで仕事の上でお付き合いできた中でも最も印象に残っている一人が、亡き田中角栄さんである。田中さんについてはさまざまなエピソードが語り継がれているし、政治家としてあまりにも毀誉褒貶《きよほうへん》の多かったことは、私が今更言うまでもない。

私が田中さんとのかかわりを持つ契機となったのは、弁護士になって四、五年目の昭和四五年頃のことで、当時、イソ弁としてお世話になっていた先輩弁護士の顧問先の会社が倒産し、この会社を更生会社にするための申し立てをボスの元で手掛けたことからであった。この会社の更生会社としての認可を受けるに当たって、ボスが「管財人に」とお願いしたのが、目白の田中さんの事務所を取り仕切っていた秘書の一人であった（諸般の関係から、お名前は伏せさせて頂く）。この事件は、この方の力を借りて無事終了したが、さらに数年を経過した昭和四九年、時の田中総理が、いわゆる金脈問題で立花隆らの攻撃を受け、総理の座を追われることになる。

田中さんに対する捜査の手は、まず周辺に向けられ、この秘書が代表取締役だった会社などがやり玉に挙げられた。そしてそのターゲットの一つが、私の担当した先の倒産会社の事後処理に絡んでいたのである。その秘書から「倒産時の会社の状況を、田中さんに説明してください」との依頼を受けて目白に出向いたのが、私が田中さんと面識を得た最初であった。

これを機に、私は田中さんから民事的な事件の相談や紹介を受けたりすることになる。私の両親が、新潟の、それも田中さんの選挙地盤となる栃尾市（現長岡市）の出身であり、私の疎開地でもあったことが、目を掛けてもらった一つの理由だったかもしれない。

私は当時いわゆる「スモン訴訟」と呼ばれた事件に、スモン患者数百名の代理人の一人として関係していたところから、〈この人たちの救済に田中さんの力を借りることができれば〉と、折に触れ、陳情にも伺っていた。

目白の事務所の待合室は、早朝から陳情客で溢《あふ》れている。田中さんは隣の応接室で、一組五分ないし一〇分ほどのスピードで陳情を受けていた。新聞などでは「陳情に来る人たちの経歴や氏名を記憶しており、人間コンピューターのようである」、などと書き立てたりされていたが、私自身が陳情に伺った時に垣間見たところでは、田中さんは陳情者の経歴などのポイントや家族状況などの特徴をメモにして、それを基に実に巧みな話術で語りかけ、初めての陳情客でさえも「いきなり亡父の話をされた！」と感激して帰るという具合であった。また、必ず陳情客を応接間から待合室の入口まで送って出て、隣室で待っている人たちが一斉に注目したところで、おもむろにその陳情者を大声で称賛したりするのである。現に、私がスモン患者の代表を案内した際には、

「いやあ、あなたは大したものだ。あなたのおかげで全国の多くのスモン患者が救われたのだから」

と、大勢が待つ広間の入口で代表の手を取りながら、あのダミ声で言ったのである。

地元からバスで上京した大勢の陳情客の前で一服する時には、一〇〇円ライターをチョッキのポケットから出し、これ見よがしに火を付ける。それでも気付かない人がいると、

「君、このライターは気楽に使えていいね。国会に忘れてきても惜しくないし」

と聞こえよがしに言い〈総理になった人が、一〇〇円ライターを使っている〉と、地元の人たちを一斉に感激させるのである。その一挙手一投足から、政治家としてのパフォーマ

ンスというのもなかなか大変なものだと、つくづく感じさせられたものであった。

ある時は私の陳情中に、ある大物政治家が「急用だ」と言って応接室に入ってこられたことがあったが、この政治家でさえ、田中さんの前では、入口近くで直立不動であった。私がいるのを見て躊躇《ちゅうちょ》しているその様子に「これは俺の身内だから、何を話しても構わんよ」とぬけぬけと言う。これでは、私の方が気を利かせて退散するほかない。

ところで、私がスモン患者のことで再三陳情に伺ったのは、私たちが裁判で代理をしていた患者のグループは〈賠償金を受け取ることができたときには、その一部を出し合って自分たちで療養施設を作ろう〉という考えを持っており、そのための社会福祉法人の設立を目指していたからである。一方で国相手に裁判を行っている最中に、他方で国の法人設立の認可を受けようというのであるから〈いくら田中さんであっても「難しい」と言われる〉と覚悟して行ったのだが、田中さんは「国からもらうことになるお金を、極力生かしたいのです」という私の意見に耳を傾けてくれ、意外にも「それはいいことだ」と、あっさり理解を示してくれた。しかも、その場で厚生省の担当者に電話をかけるということまでやって頂いたのである。しかしその結果は、訴訟中であったこともあるが、厚生省に出向くたびに、私はじっくり絞られる羽目になった。

ところで、私は田中さん自身の刑事事件については全く関与していないが、いわば傍観者の立場で知った幾つかのエピソードもある。

〝軽井沢72ゴルフ〟でご一緒させて頂いたことがあったが、暑い盛りにはワンホールごとに、グリーンの側らに冷たいお絞りを持ったボーイさんが待ち構えており、ホールを終了するたびに田中さんがそのお絞りで汗をぬぐっていたのを目撃している。それほど「田中さんのお絞り」は有名だった。その田中さんが逮捕された当日、午後三時前後だったと思うが、秘書の一人から電話があった。「逮捕の事態を想定していなかったため何の準備もなく、何をしていいやら分かりません。先ほど〈何よりも、お絞りを差し入れなければ〉と、車を東京拘置所に向かわせたのですが、道路が混んでいて締切時間に間に合いそうにないんです。何とかいい方法はないでしょうか」と言う。とっさのことだったので、私は「小菅《こすげ》の拘置所の入口付近に差し入れ屋さんがあります。そこに電話を入れ、『そちらに向かっているので、取りあえず差し入れ時間内に差し入れをしておいてください』と依頼してみてはどうでしょう？」と話した。「代金を払わず電話だけで、やってくれるでしょうか？」と、心細そうな声だったが、しばらくすると「先生に言われたとおりに電話したところ『田中さんなら』と二つ返事でした」と、追っかけお礼の電話が入った。

ある時は、田中さんが赤坂の料亭で開催した忘年会に出席させてもらったことがあった。若輩のこととて一番後からお座敷に入ったところ、一二〇名くらいの席はすべて埋まっており、田中さんの隣の席だけが残されていた。私は躊躇《ちゅうちょ》したが、田中さんに「いいから、ここに座れ」と招かれ、やむなくその席に着いた。宴会の途中で私がトイレに立つと、偶然田中さんも席を立つ。戻る訳にもいかず、前後してトイレに入った。ここでも隣り合ったまま、田中さんが尋ねた。

「君は幾つになったかね？」

「ちょうど五〇歳になりました」

「そうか、私が郵政大臣になった歳だな」

私は思わずちびりそうになった。〈これじゃ、死ぬまでかないそうもないな〉と、つくづく感じ入った。

宴会の料理が食事に変わった際、田中さんは私に「田舎じゃ醤油は貴重品だったよな。残したりすると、お袋に怒られたもんだ」と語りかけた。そして〈何事か？〉と皆が見守る前で、おもむろに刺身に使った醤油の残りをご飯にかけ「今でも残せない癖がついているんだ」と、食べ始めた。私は〈これも芸のうちか〉と、また参ってしまった。

二次会は座敷でのカラオケ大会だったが、田中さんから一番先にマイクを向けられた時に、私は田中さんのダミ声を前にして一瞬戸惑い「先生からどうぞ」とマイクを向け直してしまった。「お前は俺に前座をやれと言うのか」と言われてはっとしたが、田中さんは何食わぬ顔で《誰か故郷を思わざる》を歌ってからマイクを返してくれた。小唄をやっておられるとあって、思わず顔を見返したほど澄んだ歌声であった。その後私が《昔の名前で出ています》を歌うと、帰りに周りから「洒落《しゃれ》がきつい」と言われたのが、昨日のことのようである。田中さんは総理大臣退任後も周りからは「総理、総理」と呼ばれていた。いくら何でも、それを揶揄《やゆ》してこの歌を歌うほどの図々しさは、私は持ち合わせてはいなかった。ただ新潟が同じ故郷というものだったのだが。

またある時は、オールドパーの水割りを飲みながらの雑談の中で「自分は本当は弁護士になりたかった。現在、自分の刑事裁判を通じて、自分たちが戦後立法にかかわった刑事訴訟法の運用が形骸化しているとつくづく感じる」、「法改正をして、刑事裁判をもっと実のあるものにしなければならない」などと、熱弁を振るわれたこともあった。あまりご機嫌だったので「先日、子供向けの雑誌の〝私の好きな人・嫌いな人〟のアンケートで『どちらも田中さんがナンバーワンだった』と私の長男が話しており『今日、先生にお会いする』と話したら、先生のサインをせがまれました」と私が言ったところ、富士山の写真(秘書によれば、これは総理現職の頃、外国の要人が挨拶に見えた際などに記念品として贈呈したものだということであった)を額に入れ、その裏側に「越山・田中角栄」とサインをしてくれた。田中さんが脳出血で倒れたのはそれから数日後のことだったから、これが最後のサインになったのかもしれない。

病状がかなり回復された際に、私はボス弁のお供をして見舞いに伺ったことがあった。田中邸の門の周辺は、大勢のカメラマンが〈田中さんの姿を写せないか〉と中を窺っていて、寸分の隙もない。入る時はともかく、見舞いを終えて帰る時には、記者たちから「田中さんと会ったか」、「どんな具合だったか」とか聞かれるに違いない。「その際には、拝見したままの状態を話していいでしょうか」と尋ねると「自分が先に玄関先に出てカメラを引きつけておくから、それにまぎれて外に出るように」と言われた。実際、私たちに先立ち、杖をついて表に出た田中さんは、何と門の方に向かって手を振って見せた。一斉にフラッシュがたかれた間に、私たちは記者たちを横目に門の脇を抜け出した。翌日の新聞には、その時の手を振る田中さんの写真が掲載され、多くは「元気さをアピールしたかったものであろう」と、もっともらしい解説が付けられていた。「なぜ突然そのような態度を見せたのか、不可解である」といったコメントもあった。

田中さんが二度目に倒れた後は、一度だけ見舞いに伺う機会があったが、冷たい手を握るとただ涙するばかりだった。それが、私がお会いした最後となった。

私の知る田中さんは断片的で、ほんのわずかな部分に過ぎないであろうが、私なりに実感した田中さんの一面であることには間違いないであろう。田中さんは「人間ブルドーザー」とも言われたほど大変エネルギッシュで、目的のためには時として手段さえ選ばず大胆に実行した人というのが、一般的なイメージであった。しかし、私の知る限り非常に繊細で、きめ細かい気配りのできる人であり、きわめて心温まる人情家であった。

スモンと出会って

私がスモン訴訟（キノホルム事件）に参加した直接のきっかけは、患者側の弁護団の一員だった司法修習生時代のクラスメートに誘われてのことであった。弁護士になってから八年を経過し、そろそろ仕事もマンネリに陥っており〈最初に考えていた弁護士像と少し違うのではないか〉、〈もっとやることがあるのではないか〉と自問自答していた時期でもあった。また、妻が肝炎を患い、わずか半年ほどではあったが寝込まれてしまった体験も、スモン訴訟に関心を持った原因であった。とはいえ、私はスモンの実態や訴訟の経緯、複数あった患者のグループや弁護団の違いなどをほとんど知らないまま、第一グループと呼ばれた原告弁護団に参加することになったのである。私が参加を決めた数日後に、やはり司法修習生のクラスメートから「第三グループの弁護団に参加しないか？」と声を掛けられたが、私にとっては、たまたま最初に誘ってくれたグループに参加したまでである。後に私の人生の指針ともなったが〈すべて出会いから始まり、さまざまな出会いに発展していく。だから、最初の出会いを大切にしよう〉という考えは、このスモンとの出会いから始まったように思う。

私が第一グループの弁護団に参加した際のメンバーは、まだ一〇名ほどであったが、初めて参加した弁護団会議の中央で〈見慣れない弁護士が弁舌を振るっている〉と私を弁護士と勘違いさせた人物が、相良丰光《さがらよしみつ》さんであった。後述（終わりに）のように、後に私の病気にもかかわっていただくことなど、この時は夢想だにしなかったのである。

私は昭和四八年春にスモン訴訟弁護団に参加し、全国に散在するスモン患者を訪ねるようになったが、最初の地で出会った患者の印象は、あまりにも強烈であった。

岡山県井原市。ジーンズの生産では日本でも屈指の所であると聞いたが、当時この市民病院には多数のスモン患者が入・通院していた。東京地方裁判所にスモン訴訟の原告第一号として訴えを起こした相良さんに連れられ、この井原市に高校の教師だった大山貞雄さんを訪問した時のことである。大山さんは、病に侵されて両足はやせ細り、松葉杖で病室内をようやく移動できる程度であった。失明してほとんど寝たきりの状態となって七、八年を過ごしたということである。

私たちを待ってテーブルの前に座っていた大山さんは、痩せてはいたものの端正な落ち着いた面持ちで、澄んだその目は、挨拶を交わす間も真っ直ぐ私たちに向けられていた。一息ついた時のこと、どこからか蚊が一匹飛んできた。大山さんの目がその蚊をじっと追っていたのである。私は思わず沈黙して相良さんの方を凝視した。すると彼は「視神経をやられて失明していますが、眼球の機能が失われている訳ではないから、目が見えたときと同じように、蚊の飛ぶ音に反応できるのです」と私に説明した。そして「電気の流れる電線の途中が切れているような状態で、電球に異常がある訳ではない」という例え話をしながら「電線をつなぐように神経をつなぐことができれば、目は見えるようになるのですが」と言って、口をつぐむのだった。また、大山さんに不釣合いな、やや大きめの腕時計に私が関心を示すと、大山さんは笑いながら文字盤のふたを開け、そっと針に触って時間を言い当てて見せた。視覚障害者用の触読式腕時計だったのである。

スモン特有の症状は、ある日突然激しい腹痛と下痢に襲われ、足先から痺《しび》れが始まる。神経症状はやがて足腰にまで広がって歩行が困難となり、同時に視力が衰え失明することさえある。しかし、こうした患者が全国で多数発生していたのに、長い間原因が分からないまま放置されたため「伝染する」と恐れられた。社会から疎外され差別されて、医療の現場でさえ隔離され、自殺するスモン患者が相次いだ。「整腸剤に含まれるキノホルムという成分が原因である」と医学者によって発表されたのは、昭和四五年のことである。「感染を防ぐために」と投与された整腸剤そのものが、症状をさらに悪化させたり、新たな患者を発生させたりしていたのである。その上、裁判になっても、国や製薬会社はキノホルムが原因であることを認めようとせず、患者の請求を拒み続けた。

　スモン（ＳＭＯＮ）とは「**Subacute myelo-optico-neuropathy**」のＳｕｂａｃｕｔｅ（亜急性）、Ｍｙｅｌｏ（背髄）、Ｏｐｔｉｃｏ（視神経）、Ｎｅｕｒｏｐａｔｈｙ（末梢《まっしょう》神経症）を省略し、その頭文字を綴って名付けられたものである。「ＳＭＯＮの文字にはもともと『病』の意味が含まれているのだから、スモン病と呼ぶのは『病』を二重に付けることになり、本当はおかしいのです」と、岡山に向かう車中で相良さんから聞いたことがある（専門的にはトートロジーという類語反復のことであるそうだ）。もっとも、スモンとカタカナで書いても理解されにくいから、スモン病と呼ぶようになったのであろう。「万人の誤るところ法となる」という法諺《ほうげん》を大学で習った記憶があるが、それの具現化である。加えて、その後、数ある診断書の中で、病名欄に「スモン氏病」と書かれたものを見たことがある。スモンという名の医学者が発見した病気であると誤解されたのであろうが〈診断は、間違いがないのであろうか？〉と、いささか心配になった。

相良さんがスモンと診断されたのは昭和四二年五月のことで、生ける屍《しかばね》のようなベッド生活が一年も続いたという。松葉杖で辛うじて歩けるようになると「奇病」と言われ「感染する」と言われて孤立している同じ境遇の患者を〈放置しておけない〉という思いに駆られる。〈同じ患者であることが、励みの一助になれば〉と、寝たきりの患者を見舞うだけではなく「自分たちが不自由な体であるからこそ、団結し、社会に訴えていく必要がある」と患者に呼び掛け、全国スモンの会を組織していった。訪れる人さえなかった患者にとっては、患者の会が結成されたことだけでも、希望を見出せたに違いない。

しかし、組織づくりはもとより、その後の活動にはさまざまな困難が待ち受けていた。全国スモンの会の記録によれば、会員総会で相良さんが訴訟を起こすことを提案した際には「全面的に否決された」と書かれている。

私が全国スモンの会の弁護団に参加したのは、スモン訴訟がようやく軌道に乗り、法廷での活動が本格的に始まった段階だった。その頃相良さんはすでに、スモンについての医学的な知識ばかりでなく、法律論についても弁護団をリードし、専門的な意見を展開していたのである。

訴えを起こすのに反対だった会員や、学生時代の知人であった弁護士を説得して訴訟を提起したのは〈スモン患者を救おう〉というだけではなく〈真の救済のためには、スモンを生み出した原因を明らかにしなければならない〉という、相良さんの強い信念に基づくものであった。全国スモンの会が提起した訴訟は、他のグループに比べて幾つかの特徴を持っていたが、どの点にも、このような意志が強く反映されている。

全国スモンの会による訴訟は、まず、多くのスモン患者を彼自身が代表する形で、専門的には集団訴訟と呼ばれる方式で東京地方裁判所に提起された。これは〈共通の被害を蒙った患者全体を、平等、迅速に救済したい〉という観点に立ったもので、それまでの公害訴訟などには見られない方式をとったものであった。全国の患者を集約して東京で訴訟を起こしたのは〈国を相手取るのだから、何といっても中央で勝訴しなければ、国はなかなか要求に応じないであろう〉という思いもあったからだという。また、他のグループの訴えと異なり、国と製薬会社だけでなく、患者から見て代表的な病院や医師も、訴えの対象としている。これは〈無批判な投薬がなされなければ、スモンにはならなかった〉という患者の素直な思いを代弁すると同時に、医療によって引き起こされた災害でもあることを、社会問題として提起するものであった。さらに、すべての患者の慰謝料を一律に五千万円として請求したことも、画期的なことだった。スモン患者はその大半が失職したりして経済的に窮地に追い込まれただけではなく、罹患が原因で家庭不和や離婚さえ招くような被害を受けた。加えて、キノホルムによる神経障害は、命を失った者のみならず、失明、歩行障害など、現代医学では治癒は望めないものである。〈患者おのおのが「歩んでいた人生を変えられてしまった」という精神的苦痛を、単に重症・中等症・軽症などという症状の区別によって慰謝料をランク付けるのはおかしい〉というのが、一律同額請求という考えの根幹をなしていたのである。それだけではない。彼は、訴訟の結果が海のものとも山のものとも分からない段階から、その訴訟後を見据えていた。〈補償金をいくら積まれても、現代医学ではスモンに侵された身体を取り戻すことはできない。補償金をもらった後は、患者は国からも社会からも忘れ去られてしまうであろう。それでは真の救済にはならない。補償金をもらった後に、その一部を出し合って、自分たちで救済施設を作り上げよう〉。自らの力で自らを救済するこの考えを、彼は後に「自立福祉論」と名付けている。

東京地方裁判所における裁判が本格的に始まり、キノホルムとスモンとの因果関係について、証人として新潟大学の椿忠雄教授が初めて出廷し、関係ありと証言したのは、昭和四九年一月のことであった。しかし、全国スモンの会が発行していたニュースの同年一月一日号には、相良会長によって、すでに次のように記されている。

訴訟は私たちの失われた健康までも取り返してはくれません。訴訟はいわば一時的な私たちの慰謝にしか過ぎません。この一時的なものを永久的なものへと転換させせなくてはならないのです。そこにこのスモン訴訟の真の意味があります。本当の勝利は何かということを真剣に考えなければなりません。

私は、彼のこうした考えに共鳴し、彼に同行して全国の患者と接するごとに〈何としても、彼の描いている構想の実現のために、少しでも役立ちたい〉という思いに駆られていったのである。

東大医学部の教授であった白木博次先生との出会いも、私にとっては忘れられないものであった。先生は、わが国における神経病理学の第一人者というだけではなく、国際的にも著名な学者だった。スモン訴訟で証人に立った後に東京大学を去られた後も常に、医師としての使命感から、患者たちの救済に生涯を捧げられたといってよい。スモンのみならず水俣病、ワクチン禍などの公害裁判に当たって、一貫して患者の立場に立って証言され、患者側を勝訴に導いた最大の功労者と言っても過言ではないのである。

私がその白木先生に初めてお会いしたのは、弁護団に参加したばかりの頃、全国スモンの会の会員研修会でだったと記憶している。先生が特別講師として招かれ、スモンの病理などについて解説された後、裁判について触れた際に「私は、患者さんたちが自らの生命や身体の代償として補償金を受け取った時に、その補償金をどう生かすことができるかに注目しています」と述べたことが、今なお強烈な印象として残っている。先生は自らの地位を擲《なげう》ってまでスモン患者たちの裁判を支援してくれたのであるが、その裁判をもってしても患者を真底救うことにはならないのを、ご承知の上だったのである。だからこそ先生は、相良さんの訴訟後を見据えた構想を支持されていたのであろう。

なお白木先生は二〇〇四年二月一九日に亡くなられた。謹んで御冥福をお祈り申し上げる。

先生のスモン訴訟での証言は「スモンはキノホルム剤の投薬によって発症したものである」という両者の因果関係を医学的見地から解き明かした。また、自ら多数の患者を訪ねてまとめた被害状況を基に損害論を展開しただけではなく、製薬会社の責任にも言及し（責任論）、患者側の主張を全般的に裏付けるものでもあった。後に出版された先生の著書『冒される日本人の脳―ある神経病理学者の遺言』（藤原書店発行）の中にも引用されているが、先生の証言が行われた昭和五〇（一九七五）年七月一五日の翌日の東京新聞朝刊には、次のような一節が載せられている。

学者の立場を離れて、田辺製薬がスモンとキノホルムの因果関係を知っていながら、裁判で争っているのは残念に思う――一五日、東京地裁で開かれたスモン訴訟の証人として東大脳研の白木博次教授は、田辺製薬の動物実験結果を初めて公表した後、ずばり、キノホルムは黒であると言い切った。この爆弾証言を聞いた原告の患者たちは口々に「これで裁判の流れが変わった」と言い、久々に明るい表情を取り戻していた。

ところが、証言に先立ち、先生が証人として裁判所に入ろうとした際に、学生と思われる数名の集団が、先生の入廷を阻止しようとして襲いかかるという事態が起こったのである。そのため、証言台に立った先生の上着のボタンはちぎり取られ、眼鏡ははじき飛ばされて枠が曲がってしまっていたが、先生は何事もなかったように、平然と証言を行った。しかし〈学生たちとの信頼関係がなくなった〉と感じられた先生は、定年を待たずに東大を去る決意を固め、辞表を提出されたのである。

ところで、前掲の著書には「帝銀事件とのかかわり」と題する一節があり、獄死した平沢貞通の脳の鑑定を巡るエピソードが記されている。その中に、平沢貞通を「救う会」のもとで再審請求に取り組んでいた弁護士の磯部常治氏より「死刑判決の基になった鑑定書について意見書を作成してほしい」との依頼を受け「一九七五年三月十一日に、『平沢貞通氏に関する意見書—内村・吉益両鑑定書ならびに検挙後の平沢氏の供述に対する疑義』として、四百字詰め原稿用紙にして三百九十九枚の本文と、図八十と表十四とその説明書として四百字詰めで六十一枚を作成した」というくだりがある。ある時、私たちとの雑談の中で、白木先生が「弁護士の中にも、手弁当で一所懸命やっている人がいる。平沢貞通の弁護人だった磯部弁護士は、酒一升を持って『これでお願いします』と頼みに来た」と、笑いながら言ったことがあった。しかし、当の白木先生自らが、酒一升で膨大な意見書を書いたことになる。しかもその意見書の作成日は、スモンの法廷に立つわずか四カ月前だったのである。会話に出てくる磯部弁護士は、たまたま私が司法試験のために所属していた中央大学の研究室（玉成会）の創立者の一人だったこともあって、私にとって先生の忘れられないエピソードの一つとなった。

裁判も後半に差し掛かると、患者の被害の実態を明らかにするため、いよいよ患者自身の尋問の段階に進んでいく。全国各地のスモン訴訟に先駆け、岡山県井原市の市民病院において、患者として一番先に大山さんの尋問が行われることになった。

大山さんはベッドに横になったまま、東京地方裁判所から出張した裁判長らのもとで尋問が行われ、私たちのグループの同僚であったT弁護士が主尋問を担当した。大山さんは例の澄んだ目で空を見つめ、スモンに罹患して失明するまでの経緯を淡々と述べられた。T弁護士は尋問を一通り終えると〈何か補充することがないか?〉というように私を振り返ったが、私が慌てて涙をぬぐうのを見て、尋問終了を告げた。

続く二日目の尋問の患者は女性で、やはりスモンにより失明して寝たきりの状態であった三木マス子さんであった。担当のN弁護士の「何か望むことは？」という最後の尋問に「娘の花嫁姿を見ることができたら」と答えた彼女の一言には、法廷と化していた部屋が、しばらくの間凍りついたままであった。

二人の尋問が行われた井原市民病院には、入・通院している多数のスモン患者が詰めかけていたが、狭い部屋での尋問は、双方の代理人の数さえ制限された状態だったため、かたずをのんで待機しているほかなかった。私たち弁護団は裁判長に「せめて患者の控え室を通り抜けて、顔だけでも見せてやってください」とお願いした。「分かりました」と頷《うなず》いた裁判長の言葉を伝えると、数十名ほど集まっていた患者や家族は、車椅子の人たちは前に、杖をついて辛うじて立てる人は後方に並んで、裁判官の到着を待ちわびていた。室内のざわめきが治まりかけた頃、車椅子の一人が、周囲をはばかるように私に呼び掛けた。

「裁判長が見えたら、教えてな。顔が見えんからなぁ」

裁判長が現れたのは、ちょうどその時だった。裁判長は、その患者に対し、

「私はここです、ここにいます」

と、思わず声を掛けられたのである。声にならないどよめきを感じとったのか、患者の脇

を通り抜けるはずだった裁判長は、陪席の若い裁判官二人を従えたまま、患者団の前に立ち止まり、

「皆さん、大変でしたね。私たちは、この裁判を少しでも早く終了することができるよう、努力するつもりです」

と言って、次の尋問に向かった。私は、この瞬間、張りつめた空気がみるみる感激と安堵《あんど》の色に変わるのを、立ち尽くしたまま味わうことができた。

スモン患者の臨床尋問が二日間にわたって行われた後の地元紙には「患者、涙の訴え」、「この苦しみを知って」、「裁判官に強い印象」という見出しが躍っていた。ことに三木マス子さんの場合「普段から血圧も高いため、入廷前に血圧を測り、ストレッチャーに乗せられ〝入廷〟、「途中血圧測定を受けながら」、「部屋の中央に置かれているベッドに寝たままでN弁護士に」、「スモンにかかる状況や症状、入院の経過、入院後の症状や現在の生活、当時流れた『伝染病説』で周囲から冷たい目で見られ、みじめな思いを強いられたことなどを涙ながらに訴えた」と、詳細に報じられていた。また「スモン患者は訴える」という特集を組み「やせ細る足に激痛」、「襲う生活苦、社会疎外も」という見出しで、大山貞雄さん、三木マス子さんにスポットを当てて、患者の苦しみなどを浮き彫りにした記事が、大きく掲載された。

ところで、スモン弁護団の中で私が与えられた役割は、法廷活動や書面の作成といった場面より、むしろ患者との接触やその実態の調査といった分野が中心であった。最初の年は、年間で約一〇〇日間、地方に出向いていた。その大半は週末を利用していたから、土曜、日曜はほとんど自宅にいなかったことになる。しかし、井原市民病院で証人尋問を担当したT弁護士やN弁護士などは、この日数をはるかに越えていた。そのため、スモンによる患者らの被害の実態を訴えて、損害を主張する最終段階に入ると、私たちはいや応もなく矢面に立たされた。私は東京地方裁判所の当時の大法廷で損害論の冒頭を担当することになった。いろいろ悩んだ末に出した結論は〈数年にわたって全国の患者のもとを巡り、現在自分が感じている心境を、そのまま訴えよう。そのためには、飾らずに自分の言葉で語ろう〉ということであった。長野地区の患者グループの集会に相良さんと一緒に向かう自動車の中で下書きをしたが、方針が決まっていたこともあって、スムーズに筆が進んだ。もっとも、その損害論の中身は、相良会長の標望した一律請求論を敷衍《ふえん》するものだったからでもある。スモンの会の機関紙に転載された私の損害論は、次のようなものであった。

私は、スモンにかかわって以来、少しでも深くその実態を知ろうとし、また裁判所に知ってもらおうと務めてきたつもりでありました。しかし「スモンの苦しみは、親子夫婦であっても分からない」という患者のあきらめにも似た言葉を聞くたびに、私たちは返す言葉もありません。ある日突然視力を失った恐怖、身体を支える力を失った苦しみ、親を、子を失った者の悲しみに、私たちは同情することはできても、自らの痛みとして捉えることはできないのであり、その被害の実態を知ろうとすればするほど、その実態は私たちの理解よりはるかに遠く、はるかにむごく深刻だということを、自覚せざるを得なかったのであります。

私たちはスモンの被害を論ずるに当たって、被害の内容を訴える便宜的な方法として、身体的被害や社会的被害をそれぞれ具体的な形で論じて参りますが、スモン患者の被害はこれらの個別的、部分的な被害を単に加算したものでは決してあり得ないものであるということを、まずはじめに申し上げたいと思います。

次に、これも患者からよく訴えられることですが「早く元の身体に戻してほしい」ということであります。それは「今なお続く苦痛を一刻も早く取り除いてほしい」という率直な表現でもあります。

しかし、翻って、医学の進歩により、目が見えるようになり、歩くことができたと仮定してみましても、十数年にわたり苦しみとの闘いのみに費やしてきた歳月を取り戻すことはできないのであります。健常であるならば、この十数年の間に若者は職場を持ち、結婚をし、中年者は家庭を充実させ、子供を育て、人生の盛りを満喫し、老後を迎える者は、その人生の余力を家族らと共に楽しむことができたはずであります。「元の身体に戻せ」という言葉は、このように単に身体的被害の回復のみならず、元の健全な身体を前提として「営むことができたはずの人間的な営みのすべてを返せ」という叫びにほかならないのであります。

およそ人間として生を受けた者が健康な生活を営む権利を有するということは言うまでもありませんが、同時に、私たちにとって、家庭や職場からさらに広い社会を対象として社会生活を営むということが、不可欠な人間的要素であります。かかる社会的存在の中で、私たちは初めて人間らしい生活を営むことができ、また、社会に貢献することによって生きがいを見出し、人間らしい喜びを得ることができるのでありま す。患者にとって極めて苛酷な例を示せば、今現在、私たち弁護士は患者の代理人という立場で行動することで満足感を味わうことができるのですが、これに対し患者は、その分だけ精神的苦痛を余儀なくされているのであります。

患者は私たちに同情を求めているのでは決してありません。私たちと「同じように働きたい。同じように社会の中で少しでも貢献し、人間としての喜びを取り戻したい」と言っているのであります。患者の被害がこのように家庭生活、経済生活、社会生活のすべてに亘る総体的なものであり、いわば人間そのものの総体を破壊されたということであるならば、彼らが真に求めているものは、被害を受けなければ享受し得たはずの人間らしい生活の回復ということにほかなりません。

しかし、このような要求が現実に望むべくもないとすれば、患者の受けた損害のすべて、つまり彼らの蒙った身体的、社会的、経済的、精神的損害のすべてを総体的に包括する代替的給付をもってこれを償う以外ないことになります。

しかし、失われた人間性の総体を金銭的に補填するということもまた、本来的に不可能と言わざるを得ないものであります。従って、本訴訟において求めている患者の金銭的な請求は、本来金員で表すことのできない性質のものを、訴訟という手続きである故に一定限度の金額で具象化したに過ぎないものであります。また、かかる観点に立つならば、彼らの総体的被害というものは、部分的に対比したり身体的損傷の部位や程度で区分けしたりすることは到底できない性質のものと言わざるを得ないのであります。私どもは、視力を失った故に成長したわが子の姿を見ることができないという患者の悲しみと、視力は残り杖をついて歩く力が残っていても嫁ぐことができないという娘さんの嘆きを対比し、金銭の多寡《たか》をもって表現するすべを持たないのであります。

身体的部位、個所の損傷は確かにスモン被害の契機であります。しかし、そのことによって蒙ることになった彼らの社会的損害は、相乗的に増大し、拡大し、総体化していったものであり、その損害は身体的損傷の部位、程度を包括し、はるかに超越しているものであります。また、このような意味で、本訴で求めている金銭的請求がすべて容認されても、患者の被害を補い尽くすことはできないものであり、従いまして、彼らの請求をまず認めることが彼らの人間性回復の要求に答える第一歩だということを、最後に強調しておきたいと思います。

スモン患者の本訴請求をまず容認された上で、それでもなお回復し得ない被害を補うべき福祉への道標を切り開いてやっていただきたいと切望し、損害論総論にかえる次第であります。……」

昭和五三年八月三日、東京地方裁判所において、スモン訴訟第一次判決がなされた。私たち全国スモンの会の標榜《ひょうぼう》する一律（同額）請求は認められず、症状の相違によるランク分けがなされた。しかし、発症時の年齢や、一家の支柱や主婦であることなどの要素を加味して損害額を加算し、ランクの差を少なくする工夫がなされている上、外見からは症状のみられない患者の人たちの慰謝料も認められており、また各々の額も、従来のこの種の事案に比べ、少なくないものであった。ともあれこの判決が、和解を渋っていた被告の田辺製薬などを和解の席につかせることになり、全面解決への道が開けていくのである。

全国スモンの会にとって、全国の訴訟に先駆けて訴えを提起した成果を得られたことは、もちろん大きな喜びではあった。しかし、それが自分たちの自立福祉論を実施するための第一歩に過ぎないことは「スモン訴訟は、あくまでもスモン患者・遺族の救済の道標としてなされていると言っても過言ではありません。スモン訴訟の目的は勝訴するということだけではなく、全国のスモン患者・遺族の生活保障（医療を含めた）がなされるということも含んでいます」（『曙光』昭和四八年一月一日新年特別号）という「スモン訴訟の目的」と題する文面に集約されていた。

〈賠償を受けるだけでは、患者にとって本当の救いにはならない〉。相良会長を中心とするそうした思いは、訴訟後を見据えて着々と構想を練っていたのであり、裁判の勝訴、和解への道のりと平行して、その実現に向け、一層拍車を掛けることになった。

全国スモンの会は、昭和四九年三月の総会で福祉事業構想に向けての基本方針を決定し、自分たちの手で社会福祉法人の地位の確立を目指すことになる。もとより、それまで全国スモンの会の活動にさまざまな協力をしてくれた白木教授を初めとする医学者や社会学者、保健学者、ソーシャルワーカー等の専門分野の人たちの指導や協力、アドバイスを受けながらではあるが、あくまで自立して主体的に福祉事業を実現していくことを目標にしていた。そしてまず、拠点として、社会福祉施設「曙光園」の設立を目指した。その基金には、自分たちが受ける賠償金の一部を充てるというものである。

社会福祉法人設立のために必要な定款づくりなどのプログラムは、T弁護士が担当した。しかし何よりの難問は、一方で国を相手に訴訟しながら、他方で国の窓口である厚生省に法人の認可を求めていくということにあった。「国や製薬会社から受ける予定の賠償金を生かしたい」というのが、国に対する説明の大義名分ではあったが、訴訟中であり、負けることを前提とした話に国が簡単に乗る訳もない。突破口を開くために、相良さんは、たまたま私が知遇を得ていた元総理の田中角栄氏に陳情することもいとわなかったのである。しかし、田中氏をもってしても、厚生省の担当者を直接動かすことなどできない。また、総理にまで登り詰めた彼にとっては、毎日受けるさまざまな陳情の一つに過ぎなかったかもしれないが、それにしても、相良さんと私の何回かの陳情に、時間を問わず面談に応じてくれた。ときにはある内閣の組閣の最中にぶつかったこともあった。田中氏が応接間で議員名簿らしきものを広げている場に、招き入れられたのである。私たちはさすがに雰囲気を察してその場を退席した。

　東京地方裁判所におけるスモン訴訟の第一次判決が出され、国も本格的に和解に乗り出さなければならなくなった昭和五四年四月になってようやく、社会福祉法人全国スモンの会は認可された。認可証の署名には「厚生大臣橋本龍太郎」の名が見られる。総理大臣にもなり、いろいろな話題を残して平成一七年の選挙に立候補することなく引退した人である。時代の流れと思うにしても、月日のたつのが早いのには驚かされる。


「曙光園」の建設もまた、さまざまな難問に直面することになった。中でも一番の問題は、建設資金の捻出《ねんしゅつ》だった。

　全国スモンの会の掲げた患者の救済への道のりは、裁判で勝ち補償金を得ることが最終目的ではなく〈自分たちの手で福祉を獲得していこう〉というものであった。そのために〈裁判で賠償金を手にすることができたら、その一部である五パーセントずつを出し合って、自分たちの施設を作り上げよう〉ということで団結していたはずであった。だが、裁判の目途《めど》が立った頃から不協和音が出始め、和解金の入ることが現実化すると、訴訟が本格的に始まる頃に白木教授が言った「補償金を受け取った時に、その補償金をどう生かすことができるか注目している」という危惧が、現実のものになった。和解金を受け取ると同時に会を脱退する患者が、相次いだのである。弁護団のメンバーでさえ〈全国スモンの会は解体し、曙光園の建設は実現しないだろう〉と考える者も少なくなかった。しかし、過半数の患者が全国スモンの会に留まり、和解金を手にした会員が次々に、五パーセントの拠出に応じたのである。これを支援する弁護団もまた、自分たちの報酬の一部を提供した。

次に、曙光園の建設用地を手に入れることも容易ではなかった。当時、日本で唯一といわれたスモン患者のリハビリを行っていたのは、府中にある東京都立神経病院であり「スモンの原因はキノホルムである」と最初に発表した新潟大学の椿教授が、院長として招《しょう》聘《へい》されていた。曙光園は〈全国各地から集まるスモン患者がこの神経病院に通院し、専門的治療を受けることができるように〉ということから、神経病院に車で送迎できる地域内に建てることが前提条件とされた。園は、全国スモンの会の会員のシンボルであると共に、代わる代わる施設を利用して、神経病院でリハビリの指導を受けて自宅に戻るという生活を通じ、病院と自宅の「中間施設」という重要な役割を担うことになっていたのである。

このための、東京郊外での土地探しが始まる。ここでも、相良さんがかつて患者の一人ひとりを訪ねた時と同様の精力的な活動が始まり、小平市の畑地を候補に、地主への日参が行われることになった。しかし、関係者はともかく、一般にはスモンという病気に対する認識は薄かったし「身体障害者の施設」と聞くと、反応は決して芳しいものではなかった。説得にはスモンの会を支援している医師や弁護士までかり出され、ようやく建設用地を確保することができた。

続いての難問は、曙光園について、社会福祉法人の施設として、厚生省及び東京都の認可を受けるということであった。曙光園の目指すものは、決して身体障害者の施設の建設のみではなかったが、ともかく、お役所によって規格化された施設としての認可を受けなければ、出発できないのである。相良さんは今度は建築設計図面を持参して厚生省と東京都の間を往き来することになったが、各々の思惑で出される二つの官庁の異なった指示に翻弄されることも、しばしばだった。しかし「スモンのみんなの生きがい、生きる目標を与えるという、これこそ私たちの今後の人生にとって必要不可欠なもので、福祉というものは、実はこの辺から出発しなければならないものであり、自立の中から生まれた福祉でなければ、真の福祉とは言えないでしょう（昭和五五年四月二二日、社会福祉施設についての研修会での相良氏講演から）」という信念が実り、曙光園は、昭和五七年七月一日完成した。その前庭には曙光の塔が建てられ、思い半ばにして亡くなった会員の人たちの名を記した記録簿が納められている。

私が弁護団にかかわってからでさえ、スモン訴訟には一〇年余りの歳月を要した。訴訟に勝っても、スモンで失われたものが償われた訳ではない。患者にとっては、苦しみの生活が日々続くのである。勝訴で得た喜びと同じくらいに、訴訟の限界を味わったのは、決して私だけではなかったであろう。曙光園はそのための受け皿ではあったが、それとて物理的には限られたものに過ぎない。しかし、不自由な体で自分たちの手で曙光園を築き上げたという思いは、何物にも代え難いものとして、生きる力になったに違いない。

私にとっても、この裁判を含めた一〇年という歳月は、おそらく弁護士生活の五分の一以上を占めることになろうし、私の人生にとっても重要な位置を占めるものとなったのである。

駄洒落の愉《たの》しさ、ウイットの効用

この世間には駄洒落や機智・頓智《とんち》・ウイットやオヤジギャグなど、にぎにぎしく笑いを誘うものがあるが、私は学生の頃「ダジャレのイナちゃん」と呼ばれた時期があった。

中学を終えるまで疎開先の新潟で過ごし、東京に戻ると同時に盆と正月の休日以外は働きどおしだった私にとって、唯一の楽しみは、ラジオから流れてくる落語や流行歌であった。昼は無口であったが、夜、定時制の高校に行くと、私は多弁になった。

当時、ラジオで一世を風靡《ふうび》したメロドラマ「君の名は」では、冒頭に「忘却とは忘れ去ることなり……」という名文句があったが、私は高校の文化祭で友人と漫才をやることになり「忘却とは忘れ去ることなり。記憶せずしてテストを受ける心の悲しさよ」とやって、仲間には受けたものの先生の顰蹙《ひんしゅく》をかい「英語が漫才ほど話せたら文句はないが」と皮肉を言われてしまった。

大学時代には自ら中央亭知楽を名乗り「柳亭痴楽と異なって、私の知楽は知識の知」などで始まる「綴り方教室」を発表し、痴楽の「恋の山手線」を模倣して、下町の町名で綴った結婚披露宴版「恋の終着駅」などをクラブなどで発表して、悦に入っていたものである。

私のダジャレは落語のナゾかけや珍問題によるところが多かったが〈疎開時代にすっかり内向的になってしまった自分の殻を、何とか破ろう〉という気持ちと、当時の労働の疲れや厳しさを解きほぐそうとする気持ちの中で根付いたもののようである。

しかし、当時を過ごした下町を抜きにしてダジャレやウイットの愉しさを語ることはできない。私の住んでいた長屋の裏はすぐ銭湯で、仕事を終えて学校に通う前には必ず一風呂浴びに行ったものであるが、銭湯の中はまるで落語の世界のようであった。

隣り合わせの老人の背中を流してあげながら、中年の男性が「おじいちゃん、最近年とった？」と話しかけ、思わず憮然《ぶぜん》とする老人に対し「いや、三つくらいとった（取り去った）ほど、体が若返っているからね」などと言って周りの笑いを誘ったり、短い小指に厚い包帯をした入墨の若い衆に、何も知らない子供が「おじさん、指どうしたの。ねぇどうしたの？」と尋ね、周りがはらはらして見守る中で「『若い娘に指かまれた』なんて、言えないよな」と八百屋の親父さんが取り成したり、といったこともあった。

この銭湯で経験した一齣《ひとこま》が役立ったことがあった。

それは、研修所で同期だった友人弁護士の父君の通夜のことであった。祭壇の左右には友人のご兄姉が心痛の面持で座っており、私たちの弔問にもほとんど無言だった。父君は弁護士であったが、同様に弁護士となったのは末子である友人だけだったので、ご兄姉には、むしろ私たちの方が場違いに写ったのかもしれない。

やはり若手の弁護士が、私の直前で焼香を終えた時であった。遺影をじっと見たその弁護士は、

「こうやって拝見すると、頭の似たのは○○君だけですね」

と言い放ったのである。

頭の中身のことと思ってしまったらしい○○君のご兄姉たちの顔が、みるみるこわばっていく。私は思わず、禿《は》げかかっていた弁護士の後頭部を派手にたたいた。

「不謹慎だよ、自分のハゲを棚にあげて、お通夜の席で髪の毛の話をするなんて！」

ようやく笑い声が起こり、お姉さんが小声で言った。

「そうなんですよ、この子だけが父に似て毛がなくなってしまって」

ダジャレやウイットはこのように、時としてエキサイトした場面での緊張緩和にも役立つのだ。

　私がスモン訴訟を共にした弁護団会議でも、ダジャレが流行した。熱心な議論が展開されると、気心が知れていてもぎくしゃくするし、面前での反対意見はなかなか言いにくいものである。そこでいつのころからか、「そうだったわね」（島倉千代子が歌った《隅田川》のせりふの一節）とか、「それもそうね」（新宿のあるバーのママの口癖だった）の文句が頻繁に使われた。前者は論理の矛盾などを指摘した意見が出された場合などに、「然り」の趣旨で使用され、後者は「反対意見に同調する」という具合に使われた。

　しかし、ダシャレを連発して相手に辟易《へきえき》されるようでは洒落にならないのに、つい止まらなくなるのがダジャレの弊害でもある。

　ダジャレは〈粋で意気地と暖かさがなければならない〉と反省する昨今である。

終わりに

数年前、亡父の七回忌にあたり『親父の背中』なる私家本を書いたことがある。同僚から「『親父の背中』の次は何を書くのか」と問われ、苦しまぎれに「『私の腹中《おなか》』かなぁ」と答えた。

一昨年の春、私は、思いも寄らない胃がんを宣告され、胃の大半を切除するという手術を受けることになった。契機は、自宅のある練馬区が実施している区民対象の集団検診であった。胃カメラの透視を受けるよう指示され、その結果「さらに大学病院などで手術を視野に入れて診察を受けるように」というものであった。

その時とっさに浮かんだのは、私が弁護団の一員として参加したスモン訴訟の原告第一号であり、全国スモンの会の相良丰光《さがらよしみつ》会長であった。彼は訴訟終了後も「社会福祉法人全国スモンの会」を主宰し、東京都下の小平市に開設された重度身体障害者厚生援護施設「曙光園」の理事長として、今でも全国スモンの会の会員たちと交流を続けており、訴訟当時だけではなく、その後も、医師や医療関係者との交流が深い。私は、胃がんの宣告を受けた時に〈治療のことは一切彼に委ねよう〉と、勝手に決めたのである。

私の電話を受けた彼もまた、当然のことのように受け止めてくれた。「聖路加国際病院に名医がいる。その医師を紹介するから」と、その場で直接電話を入れてくれた上、私を病院に案内し、再検査を受けさせ、入院から手術、そして退院と、あたかも私の手術の日程は最初から決まっていたかのように、とんとんと事を運んでくれた。

手術の結果は極めて順調に経過し、がんの再発も「まず考えなくてよいでしょう」と言われると、徐々に気持ちのゆとりが出てきた。医師の仕事も同じであろうと思うが、私は、自分の仕事を通じて得た人たちとの出会いには、彼との出会いに見られるように、何か運命的なものを感じるのである。『私の腹中』を書いてみたい」と半ば冗談で言ったのは〈こうした、仕事を通じて得た人たちとの出会いを書いてみることにより「私は弁護士として何をやりたかったのか」、「自分自身、何を求めてきたのか」ということが、はっきりしてくるのではないか〉、大袈裟《おおげさ》に言えば〈いずれ「それが私の生き様だった」ということになるのではないか〉、という思いに駆られたからであった。

私の手術を担当してくれた医師（お名前は伏せさせて頂く）は、名医と言われるだけに、その対応は手術に限らず鮮やかであり、私に迷いや不安の余地を与えなかった。術後五日くらいを経て、ようやくわいてきた唯一の不安は〈手術と共に「私の腹中」がなくなってしまったのではないか〉ということである。幸いにも私の胃は四分の一ほどが残され、その胃は三カ月から半年くらいの間に元の大きさに戻るということだった。その間に『私の腹中』実現の目安を付けることができれば、まさに「災い転じて福となす」ことになる。

こうして、二週間ほどの入院の後半は、これから書こうと考えていた著書の構想を練る時間となった。

あらためて四〇年の弁護士生活を省みると、今でも時折思い起こしては、事件に対する取り組みの参考にしている事例や、忘れることのできない事件の大半は、記録に残っているような大事件ではなく、むしろ、規模としては極めて小さな事件や折衝事件、果ては法律相談として処理したに過ぎないものが多いことに、今更ながら気付く。そして、それらの依頼者の多くとは、事件終了後も長い付き合いが続いているのである。盆暮れの贈答品のやりとりであったり、季節の挨拶状だけの付き合いであったりにせよ、事件がなければ知り合うこともなかったであろう人たちである。時として、民事事件の相手方だった人から年賀状を頂いたりすると、救われる思いである。

胃の手術という体験を経てみると、私のこれまでの生活は、事件の依頼者とのさまざまな出会いや事件処理の中で培われた信頼関係を基に、仕事を離れた交流によって支えられてきたということを、一層痛感させられる。

まだまだ書きたいものがある。一応ここで筆を擱《お》くこととするが、もし天が許すならば、次回は裁判や法令実務についての経験をいろいろ書いてみたいと思う。

弁護士という職業柄のせいにするのは申し訳ないが、いろいろな方にお世話になったこともさることながら、留守がちであったり夜討ち朝駆けであったりで、迷惑をかけっぱなしであった亡き父母、妻、妻を助けてくれた子供たちにも謝意を表したい。

なお、敬称は略させて頂いた。失礼の個所があればご寛容頂きたい。また、古い時代のことでもあり、不適切な表現もあると思われるが、それはその時代を表しながらも、不適切なことがなくなるのを願ってのものとご理解頂きたい。

最後に、この本の編集等については、母校中央大学の出版部と同部で編集を担当された柴﨑郁子さんにいろいろお手数をおかけ頂いた。また、私はしばらく刑事事件から離れていることもあって、刑事事件に関する法令および文言については司法研究所教官時代の同僚だった向井惣太郎弁護士に監修をお願いした。そして何より、大学時代からの親友であり、現在印刷博物館などに出没している園山貫雄氏に、校訂や装丁の手配をはじめ同氏の信州の家での編集打ち合わせ等、いろいろお世話になり、本書発刊にこぎ着けることができた。あらためて心から感謝したい。

二〇〇六年　六月

再版にあたり、元刑事裁判官・大東文化大学法科大学院教授の米澤敏雄氏、同大学院事務局の大木宏則氏、弁護士の渡辺邦守氏を始めとする方々にご教示を頂いたことを厚く御礼申し上げる。はからずも「日本図書館協会選定図書（第二五六二回No.39）」に選ばれたことも、謝して記したい。

二〇〇七年　一一月

稲田　寛

著者略歴

稲田　寛（いなだ　ひろし）

弁護士（東京弁護士会所属）。一九三五年八月三〇日、東京・本所亀沢町に生まれる。第二次大戦中に父母の出身地である新潟県栃尾市（現長岡市）に疎開、中学卒業まで在住。一九五九年三月、中央大学法学部法律学科卒業。東京弁護士会副会長、最高裁判所司法研修所教官（民事弁護）、日本弁護士連合会事務総長などを歴任。二〇〇六年春、旭日小綬章受章。

一見落着　下町弁護士のこぼれ話

二〇〇六年　七月一五日　初版第一刷発行
二〇〇七年一一月二九日　初版第二刷発行

著　者――稲田　寛
発行者――福田孝志
発行所――中央大学出版部
東京都八王子市東中野七四二－一
〒一九二－〇三九三
電　話　〇四二－六七四－二三五一
ＦＡＸ　〇四二－六七四－二三五四
http://www2.chuo-u.ac.jp/up/

印刷・製本――藤原印刷株式会社

ISBN978-4-8057-5221-0